BAEDEKER SMART

New York

MairDumont – 🌐 www.baedeker.com

Wie funktioniert der Reiseführer?

Wir präsentieren Ihnen New Yorks Sehenswürdigkeiten in vier
Kapiteln. Jedem Kapitel ist eine *spezielle Farbe* zugeordnet.
Um Ihnen die Reiseplanung zu erleichtern, haben wir alle wichtigen
Sehenswürdigkeiten jedes Kapitels in drei Rubriken gegliedert:
Einzigartige Sehenswürdigkeiten sind in der Liste der *TOP 10*
zusammengefasst und zusätzlich mit zwei Baedeker-Sternen
gekennzeichnet. Ebenfalls bedeutend, wenngleich nicht einzigartig,
sind die Sehenswürdigkeiten der Rubrik *Nicht verpassen!* Eine Auswahl
weiterer interessanter Ziele birgt die Rubrik *Nach Lust und Laune!*

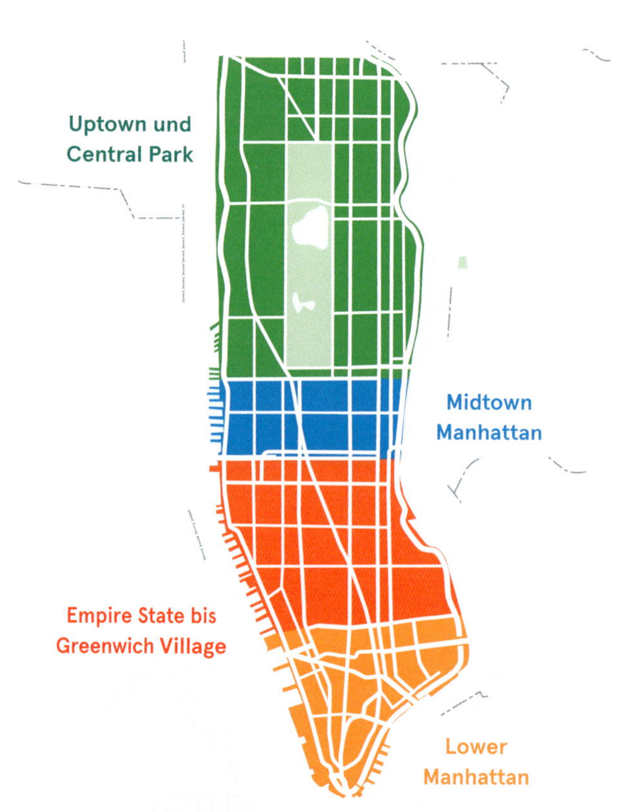

Lower Manhattan

Am Wasser hat alles begonnen: Hier strömten die ersten Immigranten auf Schiffen in die Neue Welt – ihre Hoffnungen, Träume und Ängste wurden von New Yorks Lady Liberty begrüßt.

Spaziergänge

Praktische Informationen

Magische Momente

Kommen Sie zur rechten Zeit an den richtigen Ort und erleben Sie Unvergessliches.

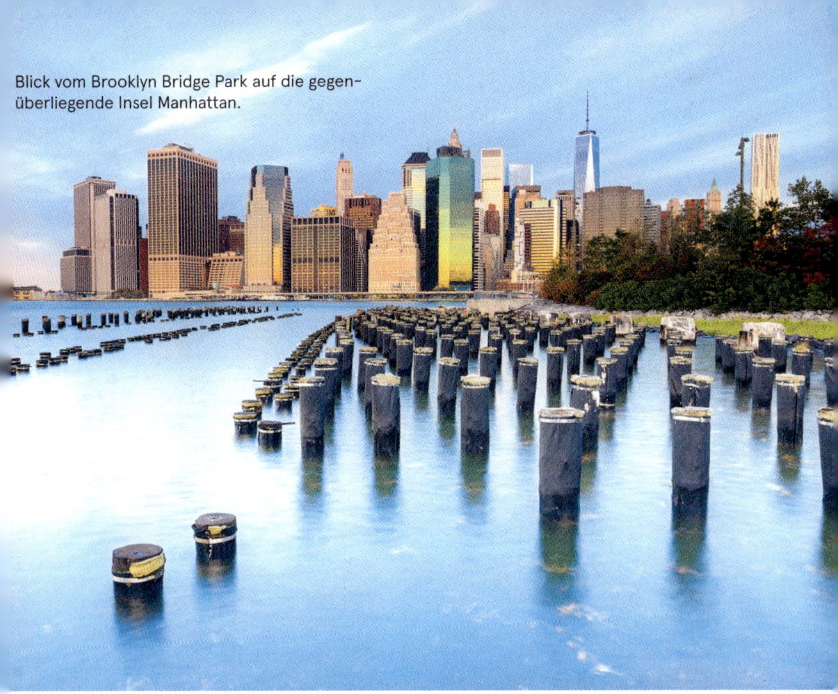

Blick vom Brooklyn Bridge Park auf die gegenüberliegende Insel Manhattan.

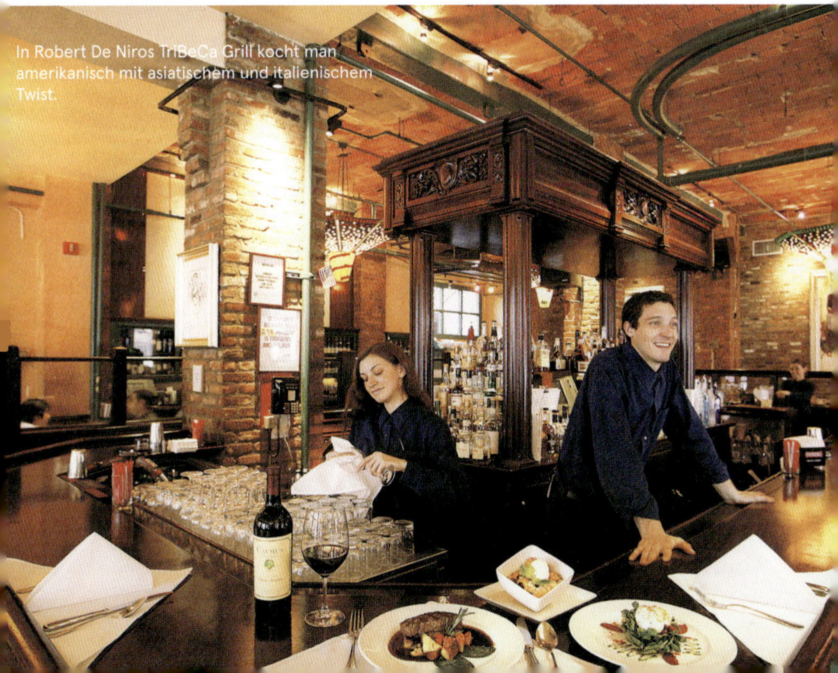

In Robert De Niros TriBeCa Grill kocht man amerikanisch mit asiatischem und italienischem Twist.

PRADA
NYC TAXI

PORTRAITS

★★ Baedeker Topziele

Diese Stadt besticht nahezu an jeder Ecke durch Highlights – mal ragen sie hoch in den Himmel auf, dann wieder ziehen sie sich über mehrere Blocks oder lassen das Künstlerherz höher schlagen. Unsere TOP 10 helfen Ihnen, ja nichts zu verpassen.

❶ ★★ Empire State Building
Der Art-déco-Skyscraper wurde nicht umsonst in Filmen, Büchern und romantischen Erinnerungen verewigt. Von der Aussichtsplattform des Wahrzeichens ist der Blick überwältigend schön. S. 110

❷ ★★ Statue of Liberty & Ellis Island
Für die Immigranten war die Statue of Liberty das Symbol der Freiheit, dann folgte auf Ellis Island die ernüchternde Realität. Ein Ausflug in die Anfänge der Stadt. S. 140

❸ ★★ Times Square
Es blinkt und flackert überall: Seit der Platz zur Fußgängerzone umgewandelt wurde, lässt sich das Billboard-Geflimmer noch besser – und sicherer – genießen. S. 44

❹ ★★ 5th Avenue
Schlendern Sie wie Audrey Hepburn bei Tiffany's vorbei und lassen Sie sich von den teuren Designer-Schaufenstern blenden. Ein Stopp am Rockefeller Center ist ein absolutes Muss! S. 46

❺ ★★ Central Park
Lassen Sie sich treiben in der grünen Lunge der Stadt – oder joggen Sie auch gern mit den New Yorkern eine Runde mit. S. 76

❻ ★★ Metropolitan Museum of Art
Mit über drei Millionen Kunstwerken können Sie hier auch locker eine ganze Woche verbringen. Unverzichtbar ist ein Besuch des Tempels von Dendur. S. 81

❼ ★★ 9/11 Memorial & One WTC
Das traurigste Kapitel der Stadt und ein hoffnungsvoller Neuanfang – nur wenige Blocks voneinander entfernt. S. 142

❽ ★★ Guggenheim Museum
Außen wie innen ein Kunstwerk: Die Ausstellungen in der Rotunde sind immer ein Erlebnis. S. 85

❾ ★★ Grand Central Terminal
Lassen Sie sich nicht vom schnellen Bahnhofstreiben aus der Ruhe bringen – schauen Sie auch mal hoch zum Sternenhimmel an der Decke. S. 48

❿ ★★ SoHo
Kunst, Shopping, gutes Essen und schöne Architektur – ein Spaziergang entlang der gusseisernen Fassaden vereint, was New Yorker an ihrer Stadt lieben. S. 146

Versteckte Bar im East Village mit vielversprechendem Namen: Angel's Share.

Ein Gefühl für New York bekommen …

Erleben, was die Stadt ausmacht, ihr einzigartiges Flair spüren. So, wie die New Yorker selbst.

Rauf auf die blauen Räder

Ja, auch in dieser verkehrschaotischen Metropole wird geradelt – wer es den Einheimischen nachmachen will, sollte genau wie sie die Hauptachsen meiden. Es gibt viele Radwege, die von den New Yorkern vor allem an den Wochenenden exzessiv genutzt werden. Der Radweg am Hudson entlang, im Westen von Manhattan, ist der beliebteste der ganzen USA. Schnappen Sie sich eines der blauen Citi Bikes (citibike nyc.com), die es mittlerweile in ganz Manhattan sowie breit gefächert auch in Brooklyn, Queens und NJ gibt, und genießen Sie die schönen Grünanlagen unterwegs. Besonders schön: den Sonnenuntergang beim Burger im Pier i Café (West 70th Street und Riverside Boulevard; piericafe.com) bestaunen.

Pssst, Treffpunkt geheim

New Yorker lieben Geheimnisse oder zumindest das Gefühl, dass sie etwas Exklusives tun. Speakeasies (»Flüsterkneipen« wie zur Zeit der Prohibition) sind ein Renner. Dazu gehören Bars wie das schummrig-schöne PDT (Abkürzung für »Please don't tell«, 113 St. Mark's Place; 212/614-03 86), die am Ende einer dunklen Seitenstraße von Chinatown in einer ehemaligen Opiumhöhle gelegene Apotheke (9 Doyer Street, Nähe Bowery; www. apothekemixology.com), das Bathtub Gin (132 9th Avenue, an der 18th Street; bathtubginnyc.com – im Hinterzimmer der Stone Street Coffee Company) und das Angel's Share (8 Stuyvesant Street, 212/777-54 15). Sie alle haben weder Schild noch erkennbaren Eingang und machen den Drink am Abend zum Abenteuer. Beim PDT etwa muss man erst mitten in dem Hotdog-Laden Crif Dogs in eine Telefonzelle treten und den Hörer abheben – dann öffnet sich eine Geheimtür zur Bar (unbedingt reservieren!).

Gospel-Time in Harlem

Tradition & Gegenwart: Der Gospel-Gottesdienst (So 8 und 11 Uhr) in der

Convent Avenue Baptist Church (420 West 145th Street; Ecke Convent Avenue) zeugt noch vom alten, stimmungsvoll zelebrierten Harlem. Schlendern Sie danach die malerische Convent Avenue entlang zum Brunch mit Fried Chicken N'Waffles oder Eggs Benedict bei The Grange Bar & Eatery (1635 Amsterdam Avenue, Ecke 141st Street).

Hip, hipper, Williamsburg

In Williamsburg ist alles etwas langsamer, ruhiger und, na ja, hipper. Ein Ausflug rüber nach Brooklyn ermöglicht eine Auszeit von der hektischen Insel Manhattan und lässt tief ins Herz der Künstlerszene blicken. Fahren Sie mit dem L-Train bis zur Bedford Avenue und lassen Sie sich treiben – Geschäfte, Galerien und Cafés gibt es hier genug. Samstags unbedingt mit viel Appetit bei Smorgasburg (11–17 Uhr; East River State Park, 90 Kent Avenue; www. smorgasburg.com), einem kulinarischen Flohmarkt, vorbeischauen – mit Blick auf die Skyline.

Frisch vom Truck

Wenn sich auf dem Gehweg eine Schlange bildet, heißt das oft: Es gibt etwas Leckeres. Klar, das Anstehen ist nicht so schön, aber an den Gourmetfoodtrucks lohnt es sich. Zum einen plaudern New Yorker gern und verraten dabei den einen oder anderen Geheimtipp, zum anderen werden aus den bunt bemalten Wagen feine Tacos (Kimchi Taco Truck; Standort s. www. kimchigrill.com), Burger (Frites' N'Meats; www.fritesnmeats.com) oder Waffeln (Wafels and Dinges; Columbus Circle; www.wafels.com) gereicht.

Tänzchen vor der Met

Sommer bedeutet Open-Air-Partytime: Am schönsten ist der Midsummer Night Swing am Lincoln Center. Drei Wochen (Ende Juni bis Mitte Juli; http://about.lincoln center.org/programs/program-msns) spielen jeden Abend Bands alles von Salsa über Tango bis Swing. Tipp: Sparen Sie sich den Eintritt zum Parkett, heiß zur Sache geht es direkt davor – kostenlos.

Schau mal, wer da geht …

Vor dem Café Gitane (242 Mott Street, tägl. 8.30–24 Uhr; cafegitanenyc. com) in Nolita (»North of Little Italy«) sitzt man bei marokkanischen Snacks und kräftigem Cappuccino herrlich in der Sonne, während auf dem Gehweg die Models und Künstlerinnen und Künstler vorbeischlendern. Abends verwandelt sich das Café in eine trendige Bar – am besten bleibt man gleich da.

Strandliebe

New York City hat auf dem Stadtgebiet gleich ein halbes Dutzend Strände zu bieten. Der berühmteste ist Coney Island, in 45 Minuten erreichbar mit den U-Bahn-Linien Q, F und B ab Times Square.

Harlem
Shuffle:
Ob Gospel,
Jazz, Funk,
Soul, Rap
oder Hip
Hop – Musik
bestimmt den
Sound des
Viertels.

Take a Walk on
the Mild Side:
Café an der
Bedford
Avenue im
hippen Wil–
liamsburg.

Auf dem richtigen Weg: über die Brooklyn Bridge in
Richtung Downtown Manhattan

Das Magazin

Die schönsten Geschichten spielen in New York: Keine andere Stadt der Welt bietet auf so engem Raum eine so große Vielfalt.

Seite 12–35

Himmelhoch: Der Wettlauf um Platz eins

Dass eine Stadt der Superlative architektonisch mit Bescheidenheit glänzt – eher unwahrscheinlich. New York steht nun mal für Extravaganz und Pomp, aber auch Coolness. Das zeigt sich auch im Stadtbild.

Wenn Sie durch Midtown Manhattan schlendern und staunend die Wolkenkratzer bewundern, bitte aufpassen: Die schnellen New Yorker sind an die aufragenden Bauten gewöhnt und haben wenig Geduld für in Ehrfurcht stoppende Passanten. Dann wiederum: Wenn sich an Sonnentagen das silberne Chrysler Building magisch schimmernd gegen den knallblauen Himmel abhebt, werden Sie rund um die Grand Central Station auch hartgesottene Manhattanites beim heimlichen Foto erwischen. Laut dem »New York Magazine« ist das Chrysler das Lieblingsgebäude der New Yorker. Kein Wunder, kein

Bester Blick: Auf der Aussichtsplattform (One World Observatory) des One World Trade Center (1 WTC) liegt einem die Stadt zu Füßen.

Moderne Perspektiven: Neben einem klassischen Hochhaus erhebt sich Frank Gehrys Beekman Tower (8 Spruce Street).

anderer Bau verbindet Eleganz und Geschichte sowie Größenwahn so exemplarisch.

Hoch, höher, am höchsten

In der Geschichte des 20. Jahrhunderts waren gleich mehrere Wolkenkratzer Manhattans die höchsten der Welt. Das Erreichen der Rekordhöhe bedeutete den Immobiliengiganten so viel, dass die tatsächliche Gebäudehöhe oft erst während der Konstruktion festgelegt wurde. Ja, Pläne wurden sogar neu gezeichnet, sobald die Entwickler erfuhren, dass die Konkurrenz noch ehrgeizigere Bauvorhaben plante.

Stahl, Baby!

Mit der Erfindung des Wolkenkratzers gegen Ende des 19. Jahrhunderts etablierte sich der Skyscraper als Symbol für amerikanischen Unternehmergeist und Optimismus. Voraussetzung dafür waren zwei technische Neuerungen: der Stahlskelettbau und die verbesserte Sicherheit des Personenaufzugs. Die Zentren der neuen Entwicklung waren New York und Chicago, wobei der erste New Yorker Wolkenkratzer aus Chicago »importiert« wurde: 1897 errichtete der Chicagoer Architekt Louis Sullivan das Bayard Building (65 Bleecker

Street), einen zwölfgeschossigen Stahlrahmen mit vorgehängter Terrakotta-Fassade. Das war der Startschuss für den anhaltenden Höhenwettstreit der beiden Städte.

Hang zum Dekor

Ein bisschen Pomp muss sein: Der architektonische Stil der frühen Skyscraper New Yorks hebt sich von der Formensprache der Gebäude in Chicago ab, wo der Fokus auf moderner Funktionalität lag. New York imitierte stattdessen traditionelle europäische Vorbilder. Beispiele für den Hang zum Dekor sind das neogotische Woolworth Building von 1913 und der dem Campanile auf dem Markusplatz in Venedig nachempfundene Metropolitan Life Tower am Madison Square von 1909. Der vielleicht berühmteste der frühen Skyscraper war das 1908 errichtete Singer Building am unteren Broadway – damals mit 187 Metern das höchste Gebäude der

New York hat zwar nicht die ältesten Wolkenkratzer der USA, aber die schönsten. Im Uhrzeigersinn von oben links: Empire State Building (1931), Chrysler Building (1930), Woolworth Building (1913), MetLife Building (1963).

MAGAZIN

Welt. 1970 wurde der Bau zugunsten des neuen One Liberty Plaza abgerissen (übrigens das bislang höchste jemals abgerissene Gebäude, eine Aufgabe mit erheblichen technischen Problemen).

Einwohnerboom = Bauboom

Im 21. Jahrhundert setzte ein neuer Hype ein, und ein Ende ist nicht in Sicht: Bald wird die Einwohnerzahl New Yorks die Neun-Millionen-Grenze überschreiten, die Stadt braucht neuen Wohnraum. Bürgermeister Eric Adams steht dabei im Wort, auch bezahlbare Wohnflächen zu schaffen – eine Herkulesaufgabe.

Immerhin: Nach Kontroversen und Architektengezänk windet sich am Ground Zero das One World Trade Center in den Himmel. Mit seiner Leuchtspitze ist es 541 Meter hoch: 1776 Fuß. Diese Zahl steht für das Jahr der amerikanischen Unabhängigkeit. Und für den höchsten Bau der Stadt wie der USA.

Neuer Bauboom

Unvergleichlich ist der Bauboom, den New York seit den letzten zehn Jahren erlebt. Für Aufsehen, aber auch Streit sorgt eine Phalanx superschlanker und superhoher Wolkenkratzer am Südrand des Central Park, die sog. Supertalls. Kritik: Viele Wohnungen seien reine Geld- und Prestigeobjekte für auswärtige Milliardäre. Im Westen der Stadt entstand ein neues Viertel mit Wolkenkratzern berühmtester zeitgenössischer Architekten: die Hudson Yards (Abb.). Und für die Gegend rund um die Penn Station ist für die nächsten Jahre ebenfalls ein neuer Wald an Wolkenkratzern geplant. Allerdings befürchten viele, dass nach der Coronapandemie der viele Büroraum am Markt vorbeigeht.

Kameras: Achtung, Film ab!

Vergessen Sie L. A. – New York ist »die« Bühne schlechthin. Selbst wer noch nie einen Fuß auf die geschäftigen Straßen der Stadt gesetzt hat, meint sie bestens zu kennen. Ob Leinwand oder Mattscheibe: Der Big Apple ist immer der Star.

Jedes Jahr erwirtschaftet die Film- und Fernsehindustrie rund fünf Milliarden US-Dollar für das New Yorker Stadtsäckel durch die mehr als 200 Filme und über 100 Fernsehshows, von denen viele überregionale Sendereihen sind. Die Stadt wiederum verleiht den Produktionen Glanz und Gloria. Und seit 2004 hat New York mit den Steiner Studios in Brooklyn sogar ein eigenes Studio, mit dem die Stadt Hollywood Konkurrenz macht.

Das Filmgeschäft hier ist schon so alt wie das Kino selbst. Eine Gedenktafel an Macy's Vorzeige-

Der neuseeländische Filmregisseur Peter Jackson ließ für sein King-Kong-Remake das New York der 1930er-Jahre nachbilden.

Original-Filmplakat für Truman Capotes »Frühstück bei
Tiffany« mit Audrey Hepburn in der Hauptrolle, 1961

kaufhaus erinnert an die einst vor Ort befindliche Koster and Bial's Music Hall, in der 1896 die erste öffentliche Filmvorführung stattfand. Schon ein Jahr zuvor, 1895, hatte William K. L. Dickson, ein ehemaliger Mitarbeiter von Thomas Edison, mit Herman Casler, Henry Marvin und Elias Koopman die Biograph Company gegründet. In der Stummfilmära war dieses am Broadway in Manhattan beheimatete erste US-amerikanische Filmstudio eines der erfolgreichsten weltweit.

Stadtansichten für Cineasten

Auch D. W. Griffith, einer der einflussreichsten Regisseure der Stummfilm- und frühen Tonfilmzeit, war für die Biograph Company tätig. Als Regisseur der frühen Mary-Pickford-Streifen arbeitete er in der 11 East 14th Street und drehte am liebsten im Central Park.

Eine perfekte Kulisse für »Regeneration« (1915), den ersten abendfüllenden Gangsterfilm des US-amerikanischen Kinos, gab die schäbige Bowery. »Dort strichen genug Penner und Saufbrüder herum, das ersparte [bezahlte] Statisten«, erinnerte sich Regisseur Raoul Walsh in seiner Autobiografie. Im Jahr 1929 spielte ein Viertel aller US-amerikanischen Filme in New York. Allerdings drehte man von den 1930er-Jahren an bis in die 1950er-Jahre hinein die meisten New Yorker Stadtansichten einschließlich derer in »King Kong« (1933) in den Studiogeländen Hollywoods. In den 1970er-Jahren wurden Dreharbeiten vor Ort dann eher zur Norm. Manhattan war vielleicht nie hinreißender als in Blake Edwards »Breakfast at Tiffany's« (Frühstück bei Tiffany, 1961), sicher niemals neurotischer als bei Woody Allen (»Der Stadtneurotiker«, 1977; »Manhattan«, 1979). Filme wie Martin Scorseses »Mean Streets« (1973) und »Taxi Driver« (1976) zeigen ein reales Bild der damals ziemlich heruntergekommenen Stadt. An diese Zeit erinnert auch Ridley Scotts im Harlem der 1970er-Jahre spielender Film »American Gangster« (2007). Um die Boomjahre der Finanzindustrie und deren Schattenseiten geht es in Oliver Stones »Wall Street« (1987).

Die »Königin des Mumblecore«

Jahrzehntelang prägte Woody Allen das cineastische Bild der Stadt. Nach ihm kreierten jüngere Independentfilmemacher wie der 1969 in Brooklyn geborene Noah Baumbach ein eigenes Genre, das »Mumblecore« genannt wird, weil der Ton in diesen Billigproduktionen oft nur undeutlich zu verstehen ist (to mumble: nuscheln). Als »Königin des Mumblecore« gilt Greta Gerwig: Mit dem Generationenporträt »Frances Ha« (2012), in dem sie die Hauptrolle spielte und mit Noah Baumbach auch das Drehbuch schrieb, sicherte sie sich einen Platz in der New Yorker Filmgeschichte: Was bei Woody Allen das vielfach von ihm in Szene gesetzte Manhattan, ist hier Brooklyn, und dass beide Filme im stylishen Schwarz-Weiß gedreht sind, ist wohl genauso wenig ein Zufall wie die Dialoglastigkeit. Greta Gerwigs Kunst, ihren Figuren wahres Leben einzuhauchen, kommt inzwischen auch ihren eigenen Filmen zugute: In ihrem vielbeachteten Regiedebüt von 2017 ist die Stadt der Sehnsuchtsort der jungen »Lady Bird« (Saoirse Ronan), die nur ein Ziel hat: Sacramento hinter sich zu lassen und in New York zu leben.

Schauplatz New York: Was wir heute als »Traumfabrik« kennen, wurde nicht in Hollywood gegründet, sondern hier an der Ostküste der Vereinigten Staaten.

Nach den Terroranschlägen von 2001 kamen apokalyptische Visionen der Stadt wie Francis Lawrence' »I Am Legend« (2007) auf die Leinwand. Auch Brooklyn ist immer für eine Hauptrolle gut: von John Badhams Tanzfilm »Saturday Night Fever« (1977) über Spike Lees »Do the Right Thing« (1988) und Noah Baumbachs »Der Tintenfisch und der Wal« (2005). Die Bronx spielt eine Hauptrolle in Robert De Niros Gangsterballade »In den Straßen der Bronx« (1993).

In den Silver Cup Studios in Queens, New Yorks zweitgrößter Produktionsstätte, drehte Martin Scorsese seinen 100 Mio. US-Dollar teuren Film »Gangs of New York« (2002). Nebenan belebt das American Museum of the Moving Image (35th Avenue, Ecke 36th Street, Astoria, www.movingimage.us) die Erinnerung an die bewegten Bilder bewegter Zeiten

Serien und Superhelden

New York bewegte auch schon früh das Geschehen auf den Fernsehschirmen. Serien wie »Seinfeld«, »Sex and the City«, »Friends«, »How I Met Your Mother« und »Girls« ziehen über die Neurosen der Großstädter her, und selbst eine auf den ersten Blick überdrehte Sitcom wie Tina Feys »30 Rock« vermag die New Yorker Befindlichkeiten bis zur Kenntlichkeit zu karikieren. In jüngster Zeit finden sich die New Yorker in Serien wie »Russian Doll« wieder oder in der Netflix-Produktion »Harlem«, die das Leben junger schwarzer Frauen im Norden Manhattans zeigt.

Am Puls der Stadt: Der Times Square im Wandel der Zeit

Schwer vorstellbar, dass an der Kreuzung von Broadway und Seventh Avenue um das Jahr 1900 nicht viel mehr zu sehen war als ein paar Pferdeställe und Scheunen. Longacre Square hieß der Platz damals; den Namen Times Square bekam er erst im Jahr 1904 zu Ehren der »New York Times«, die hier ein Bürohaus errichtete.

Zu Silvester 1904 feierte die »New York Times« ihr neues Hochhaus an diesem Platz und den Beginn des neuen Jahres mit einem Feuerwerk. Daraus wurde eine Tradition. Seit Silvester 1906/07 lässt man zum Jahreswechsel eine leuchtende Kugel herab, und so stehen sich hier nun am letzten Tag des Jahres oft schon am Nachmittag rund eine Million Schaulustige bei meist bitterer Kälte die Beine in den Bauch.

Das große Spektakel

Jeder möchte dabei sein, wenn die Neujahrskugel eine Minute vor Mitternacht am Fahnenmast emporsteigt und pünktlich mit einem Knall Feuerwerk und Konfettiregen auslöst. Daraufhin fallen sich die Menschen in die Arme, Heiratsanträge werden gemacht, während im Hintergrund die mit Superstars gespickte Bühnenshow weitergeht. Einen schrilleren Start ins neue Jahr gibt es kaum, auch kaum einen Ort, der dafür besser geeignet wäre.

New Yorks Spielwiese

Bereits zu Zeiten der Umbenennung war der Grundstein für die Bühnenkarriere des Platzes gelegt. Oscar Hammerstein I. hatte 1895 am Broadway Ecke 44th Street ein riesiges Theater errichtet. Auf dieses folgten viele weitere wie das 1903 im Jugendstil erbaute New Amsterdam Theatre. Varieté und Theater erlebten ihr Goldenes Zeitalter. Restaurants, Bars und Lichtermeere

Die »Kreuzung der Welt«: Am Times Square tobt das Leben rund um die Uhr.

machten den Square zu einer grellen Vergnügungsmeile.

Flüsterkneipen und Varietés

Während der Prohibition sorgten von Gangstern geführte »Flüsterkneipen« (speakeasies) für den gewissen Kick im Nachtleben. Während der Weltwirtschaftskrise wurde zum ersten Mal eine Varietévorstellung im Republic Theater (heute New Victory) an der 42nd Street aufgeführt. »Unanständige, derbe, bunte, flotte 42nd Street«, hieß es im Titelsong des ein Bild dieser Zeit zeichnenden Musicalfilms »42nd Street« von 1933. Im Zweiten Weltkrieg und kurz danach erlebte der Times Square eine Hochphase, verfiel dann aber bald. Die TV-Serie »The Deuce« lässt diese Zeit wieder auferstehen.

Die Zeichen der Zeit

Heute blicken manche nostalgischverklärend auf diese lasterhafte Zeit zurück. Die Schauspielerin Kirsten Dunst etwa klagte, der Times Square heute erinnere sie an Disneyland. Tatsächlich stand und steht der Times Square schon immer für Entertainment: Allein die Theaterszene am Broadway, den nun sogar ein Museum ehrt (www.themuseum ofbroadway.com), spielt jährlich um die 1000 Mio. US-Dollar ein.

New Yorker Nächte: Hip, lässig oder aufgestylt?

Und, wonach ist Ihnen heute Abend? Ein klassischer Cocktail in edlem Ambiente? Disco-Beat oder doch lieber eine Arie? Haben können Sie alles! New Yorker lieben Vielseitigkeit, am besten mit Style und Glamour.

Es gibt nichts, was es hier nicht gibt, sagen die New Yorker mit stolzgeschwellter Brust und weisen auf das pralle Nightlife-Überangebot hin. Fakt ist, es ist immer überall etwas los – was Ihnen wiederum die Qual der Wahl lässt. Hip, lässig oder aufgestylt? Gute Info-Adressen sind Magazine (und deren Webseiten) wie »Time Out« oder »New York Magazine«. Die »New York Times« ist bei Ballett und Klassik treffsicher. Aber entscheiden Sie nicht unbedingt last minute, ob es ein Glamour- oder Low-Key-Abend werden soll: Konzerte, Musicals und Theatervorstellungen sind schnell ausgebucht, zudem takeln sich New Yorker für Events gern auf und rümpfen bei Jeans in der Oper oder im Top-Restaurant die Nase. Für den Fall, dass Sie einen Club wie Cielo (www.cieloclub.com) oder Le Bain im Standard Hotel (www.standardhotels.com) anpeilen: Die Türsteher der Stadt lassen sich am ehesten durch stylishe Outfits bezirzen.

Ticket-Lotterie

Der Broadway ist legendär wie eh und je. Versuchen Sie, Karten für Renner wie »Hamilton«, »The Book of Mormon« oder »Come From Away« zu bekommen, am besten lange vor der Anreise. Mit viel Glück gewinnt man bei einer Lotterie Restkarten (lottery.broadwaydirect.com; hamiltonmusical.com/lottery) für denselben Tag.

Entspannt genießen

Auch wenn es oft eine Taxi- oder U-Bahnfahrt entfernt ist: Meiden Sie nach dem Broadway-Besuch

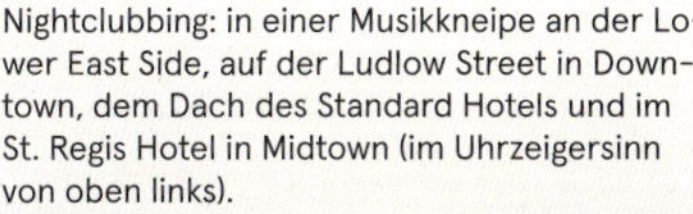

Nightclubbing: in einer Musikkneipe an der Lower East Side, auf der Ludlow Street in Downtown, dem Dach des Standard Hotels und im St. Regis Hotel in Midtown (im Uhrzeigersinn von oben links).

Touri-Ecken wie Times Square oder die 5th Avenue für Drinks und Snacks. Die Angebote sind zwar nicht schlecht, oft aber überteuert und überfüllt. Ziehen Sie lieber Richtung Nolita, TriBeCa oder Hell's Kitchen; dort mixen Bartender in Bars wie Dutch Fred's (307 W 47th Street, www.dutchfreds.com) oder Bea (403 W 43rd St., www.beanyc.com) Köstlichkeiten in entspannter Atmosphäre. Machen Sie es generell wie die New Yorker:

Die gehen am liebsten unter der Woche aus und überlassen Freitag und Samstag jenen, die aus den Vororten nach Manhattan strömen. Die hippen Schuppen sind dann nämlich knallvoll, die Schlangen lang und die Preise höher. Da geht der New Yorker lieber ins Kino, trifft sich beim Stamm-Italiener oder hört Jazz in versteckten Musikclubs, etwa dem Paris Blues (163 W 121st St., www.parisbluesharlem.webs.com): Newyorkiger geht es kaum.

Fashion & the City

»Ich bin wegen den beiden Ls in New York«,
sagte Carrie Bradshaw: »Labels und Liebe«. Mit der
Liebe tat sich die »Sex-and-the-City«-Ikone nicht
leicht, dafür machte es ihr die Modeszene umso
einfacher. Die Metropole ist Marken-Mekka,
Stil-Oase und Fashion-Zirkus in einem.

Seit der Coronapandemie hat die Fashion Week jedoch keinen zentralen Ort mehr. Hauptquartier sind zwar die Spring Studios im angesagten Meatpacking District. Doch die Events verteilen sich über die ganze Stadt. Dort sitzen dann Stars wie Natalie Portman oder MeinungsmacherInnen wie »Vogues« Anna Wintour in der ersten Reihe vor dem Laufsteg, auf dem gefragte Kultlabels und große Marken ihre Kollektionen vorführen. Die Dezentralisierung hat allerdings auch Vorteile. Tickets zu den Shows der großen Labels sind zwar unmöglich zu ergattern, in die Partys kleinerer Designer kommt man

Immer für ein paar hübsche Teile gut ist Barneys in der Madison Avenue.

jedoch durchaus auch als Normalbürger rein (nyfw.com/home).

Was 1943 als erste organisierte Modewoche der Welt noch unter der Überschrift »Press Week« als – von der Modejournalistin Eleanor Lambert initiiertes – Event begann und als Ersatz für die in Kriegszeiten ausfallenden Reisen zu den Pariser Modeschauen geschaffen wurde, entwickelte sich neben London, Mailand und Paris zu einer der vier bedeutendsten Modewochen der Welt. Den Rest des Jahres wird die Modemaschinerie durch junge Designlabel wie Proenza Schouler und Rodarte in Bewegung gehalten. Sie stellen sicher, dass originelle Outfits Kaufhäuser und Boutiquen in SoHo füllen, im Garment District hochwertige Restbestände verkauft werden können und aus der Canal Street Sonderangebote kommen.

Uptown-Glamour

Ein Tipp vorweg: Fliegen Sie lieber mit halbleerem Koffer an. Denn jede Nachbarschaft hat ihre Fashion-Momente und garantiert einen Sale. Die großen Boutiquen der Madison Avenue wie Hermès und Roberto Cavalli bestücken die Garderobe etlicher Bewohner der Upper East Side. Pompös untergebracht in einem Herrenhaus der Jahrhundertwende ist Polo/Ralph Lauren. Die Fifth Avenue spricht eher ein gemischtes Publikum an. Neben Nike und Abercrombie & Fitch, die sich junger Mode widmen, gibt es vornehme Einzelhändler wie Brooks Brothers und Tiffany. Auch die

New Yorkern auf diese Ausverkäufe. Die meisten finden zwischen der 41st und 34th Street und der 5th und 9th Avenue statt. Handzettel, in der Nähe der Fashion (7th) Avenue verteilt, werben täglich dafür. Einen deutlichen Vorsprung bieten Websites wie topbutton.com und timeout.com.

Designer-Kaufhäuser Barneys, Bergdorf's und Bloomingdale's – die »Drei B's« – residieren hier.

Boutiquen in Nolita und Soho

Die exklusiven Geschäfte dieser Stadtteile sind so teuer wie ihre Mieten, aber ihr Angebot überrascht. Bei Kirna Zabête finden Sie eine erlesene Auswahl an Kreationen u. a. von Balenciaga. What Goes Around Comes Around ist eine Topadresse für Vintagestücke von Chanel oder Handtaschen aus den 1940ern. Stars und Sternchen lieben diesen Laden.

Sample Sales

Schnell wechselnde Mode erfordert regelmäßige Räumungsverkäufe der großen Kaufhäuser in Manhattan. Gut für uns! Bei bis zu 90-prozentigen Preisnachlässen stürzt man sich gern zusammen mit den

Im Museum und auf der Straße

Die ständige Ausstellung im Costume Institute des Metropolitan Museum of Art (S. 81) erzählt von der Schneiderkunst. Wechselausstellungen zur Mode des 20. Jahrhunderts finden in der Galerie des Fashion Institute of Technology (27th Street/Ecke 7th Avenue; www.fitnyc.edu) statt. Für Streetstyle sollte man ab der 7th Avenue/Ecke 35th Street in Richtung Süden bis zur 41st Street schlendern: Entlang der Fashion Avenue erfahren Sie dank der im Boden eingelassenen Plaketten am »Fashion Walk of Fame« Spannendes über Calvin Klein oder Donna Karan. Der Fashion Walk of Fame liegt im Herzen des alten »Garment District«, des klassischen Modebezirks. Das ist in den Seitenstraßen noch zu spüren, wo sich Designer in den kleinen Läden mit Stoffen und Accessoires eindecken.

We Built this City

Geschichten um jene Menschen, Orte und Ereignisse, die den Big Apple berühmt machten: eine metropolitanische Seifenoper.

Alva Smith Vanderbilt (1856 bis 1933) wollte ursprünglich lediglich eine Loge im Opernhaus der Academy of Music erstehen, denn zu der Zeit war das ein Zeichen für gesellschaftliche Anerkennung. Dank ihrer Heirat mit dem Erben des Vanderbilt-Stahl-Imperiums hielt sie sich für mehr als qualifiziert. Und doch konnten weder sie noch die Ehefrau des Finanziers J. P. Morgan sich gegen Caroline Webster Schermerhorn Astor (1830–1908) behaupten, die gegen Ende des 19. Jh.s in der New Yorker Oberschicht den Ton angab.

Mrs. Astor war der Meinung, die Vanderbilts und Morgans seien Neureiche, weshalb sie den konsternierten Gattinnen mitteilte, dass für sie in der Academy keine Logen frei seien. Derart brüskiert, bauten sich die Abgewiesenen kurzerhand ein eigenes, noch viel opulenteres Opernhaus – nämlich die 1883 an der 39th Street/Ecke Broadway eröffnete Metropolitan Opera (Met). Innerhalb weniger Jahre stellte die Operngesellschaft der Academy ihren Betrieb ein, und nun waren es die Astors und ihresgleichen, die sich um Logen in der Met rissen.

Die Met zeigt mehr als 200 Opernaufführungen im Jahr.

Atlas trägt die Welt – vor dem Portal des Comcast Building am Rockefeller Center.

Familienbande

William Waldorf Astor (1848–1919) und seine Frau hätten gern frischen Wind in die New Yorker Gesellschaft gebracht, aber Williams Tante Lina, die bereits erwähnte Caroline Astor, kam ihnen dabei immmer wieder in die Quere. Tante und Neffe lebten auf benachbarten Grundstücken an der 5th Avenue, Ecke 33rd Street. Um seiner Tante zu zeigen, was er so alles draufhatte, ließ er im Jahr 1893 sein Haus abreißen, um auf dem Grundstück das 13-stöckige Waldorf Hotel errichten zu lassen. Mrs. Astor schmollte ein bisschen, sann auf Rache – und ließ vier Jahre später ebenfalls ihr Haus abreißen. Ihr Sohn, Williams Vetter John Jacob Astor, errichtete daraufhin ein um vier Stockwerke höheres Hotel, das Astoria. Irgendwann beendete man die Fehde und baute einen Verbindungskorridor zwischen den beiden Hotels. So entstand der Gesamtkomplex Waldorf-Astoria, den man im Original mit einem doppelten Bindestrich schreibt, um darauf hinzuweisen, dass es aus zwei Hotels hervorgegangen ist. 1929 musste das Waldorf-Astoria dem Empire State Building weichen, zwei Jahre später öffnete das heutige Hotel an der Park Avenue/Ecke 49th Street. Die Teilnahme am »Internationalen Debütantinnenball« im Ballsaal des Hotels gilt bis heute als Entree in New Yorks High Society. 2017 wurde das Waldorf Astoria von einem chinesischen Investor gekauft und viele der Hotelzimmer in Wohnungen verwandelt. Die opulente Lobby ist jedoch geblieben.

Vom Hilfsbuchhalter zum Millionär

John Davison Rockefeller Sr. (1839 bis 1937), deutschstämmiger Abkömmling einer im 18. Jh. in die Neue Welt ausgewanderten Familie, arbeitete sich aus einfachsten Verhältnissen an die Spitze einer Öldynastie empor. Schon mit 19 stieg er ins Ölgeschäft ein und gründete 1870 die Standard Oil Company (ein direkter Vorläufer der heutigen ExxonMobil Corporation) sowie 1882 den Standard Oil Trust, der bald mehr als 90 Prozent des Raffineriegeschäftes der Vereinigten Staaten von Amerika kontrollierte.

Bis heute gilt Rockefeller als der reichste Mann, der je gelebt hat.

Frauenpower

Drei Freundinnen müsst ihr sein: Das Museum of Modern Art (MoMA) wurde 1929 von Abby Aldrich Rockefeller (1874–1948), Lillie P. Bliss (1864–1931) und Mary Quinn Sullivan (1877–1939) gegründet. Ein klarer Fall von Frauenpower, auch wenn in der Museumshistorie bis heute beharrlich von »Mrs. John D. Rockefeller, Jr.« und »Mrs. Cornelius J. Sullivan« die Rede ist; einzig die unverheiratet gebliebene Lillie P. Bliss wird mit ihrem eigenen Vornamen erwähnt. Alle drei hatten sich als erfolgreiche Förderinnen der Künste (wie der Künstler) erwiesen; nun wollten sie ihrer Passion (und ihren Sammlungen) ein gemeinsames Heim – respektive ein Museum – geben. Dazu beriefen sie den Kunsthistoriker Alfred H. Barr Jr. als Gründungsdirektor, mit dem sie 1939 das inzwischen umgebaute Museum einweihten.

Von wegen Fake News: Medienstadt New York

New Yorks Medienlandschaft ist vielseitig. Seit 1851 berichtet die »Grey Lady« (»New York TImes«) gewohnt nüchtern über das Weltgeschehen, seit sechs Generationen in Familienhand: Anfang 2018 übernahm Arthur Gregg Sulzberger gerade mal 37-jährig das Verlagsruder. Konkurrenz hat das Traditionsblatt in New York keine: Die »New York Post« und die »New York Daily News« haben sich dem boulevardeskeren Journalismus verschrieben. In der Auseinandersetzung mit dem Präsidenten Donald Trump gewannen die seriösen Blätter ab 2017 viele Abonnenten hinzu – und das in einer Zeit, in der die Digitalisierung für Kahlschläge sorgt. Ein recht stabiles Pferd im Rennen hat Condé Nast mit dem »New Yorker«, der seit 1925 mit Reportagen, Essays, Kritiken und Cartoons namenhafter Autoren, Zeichner und Fotografen brilliert. Auch das »New York Magazine« profitierte vom aufgeheizten Medienklima nach den Veränderungen in Washington, genauso wie TV-Comedians und Comedy Shows. Von New Yorker Late-Night-Talkern wie Stephen Colbert oder Trevor Noah bis zur beliebten Satire-Show »Saturday Night Live« (gedreht in den NBC-Studios in 30 Rockefeller Plaza): New York lacht und debattiert, wenn auch mit knirschenden Zähnen.

Der Geschmack New Yorks

New Yorks »signature food«? Da gibt es einiges: Für die besten Bagels steht man in langen Schlangen, eine Slice Pizza aus dem Steinofen gibt's ebenso »to go« wie einen Hotdog. Keine leichte Kost, aber die Kalorien rennt man sich im quirligen Stadt-Gewusel schnell wieder weg.

Sie wollen wie ein waschechter New Yorker in den Tag starten? Dann kommen Sie an einem »Bagel with Cream Cheese« nicht vorbei. Sie können das Backwerk mit Loch auch »toasted« bestellen ... Bei Einheimischen ist das allerdings als Schnickschnack verpönt – schließlich kommt es auf dem Weg ins Büro darauf an, so schnell wie möglich Frühstück, Kaffee und Zeitung in den Händen zu halten.

Ursprünglich brachten polnische Juden Ende des 19. Jahrhunderts das runde, gelochte Gebäck aus Hefeteig mit in die USA: Seitdem ist der Bagel ein heiß geliebtes Nahrungsmittel, das vor allem an der Upper East- und Westside in Delis kultiviert wird. Wen Sie in New York auch fragen, jeder hat seinen eigenen besten Tipp. Kult sind Shops wie H&H (1551 Second Avenue, Ecke 81st Street; Tel. 212/734-7441; www.hhbagels.com) oder Ess-a-Bagel (831 3rd Avenue, Ecke 51st Street; Tel. 212/980-1010; www.ess-a-bagel.com).

Trendsetter und Klassiker

Alljährlich bringen exzentrische »Foodtrends« die Szene durcheinander: Von Cronut (Kreuzung aus Croissant und Donut) über Sushi Bagel bis Ramen Burger (gepresste Nudeln) – meist sind die Kreationen nach riesigem Wirbel genauso schnell wieder verschwunden. Aber probieren lohnt sich immer! Eine klassische Pizza hingegen kommt nie aus der Mode, am liebsten mit dünnem Boden von John's Pizza in Greenwich Village (278 Bleecker Street, Ecke 7th Avenue; Tel. 212/243-1680; www.johnsofbleecker.com/

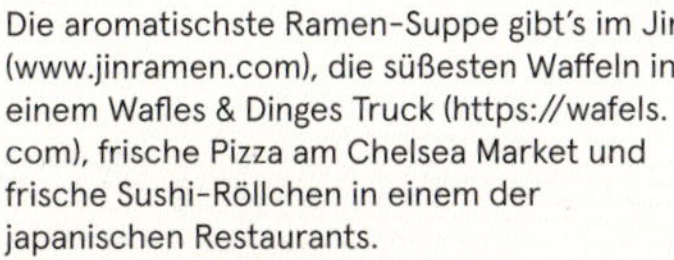

Die aromatischste Ramen-Suppe gibt's im Jin (www.jinramen.com), die süßesten Waffeln in einem Wafles & Dinges Truck (https://wafels.com), frische Pizza am Chelsea Market und frische Sushi-Röllchen in einem der japanischen Restaurants.

com). »New York Style« ist es, Pepperoniflocken und Parmesan draufzustreuen und es in der Mitte zu einem schmaleren Dreieck falten.

Das können Sie sich bei den Hotdogs sparen, mit gedünsteten Zwiebeln oder Sauerkraut im Brot wird das schwierig. Einheimische schwören auf das Recession Special (Hotdog und Papayadrink to go für 4,95 $) bei Gray's Papaya (unter anderem: 2090 Broadway, Ecke 72nd Street; Tel. 212/799-02 43; www.grayspapaya nyc.com). Für die Über-

dosis Pastrami geht man weiter zu Katz's Delicatessen (205 East Houston Street, Ecke Ludlow Street; Tel. 212/254-2246; www.katzs delicatessen.com).

Mit Stäbchen

Nach wie vor eine kulinarische Hochburg ist jedoch Chinatown. Ein besonderer Tipp für authentisches Dim Sum ist der Nom Wah Tea Parlor in der Doyers Street (13 Doyers Street; Tel. 212 9 62 60 47; www.nomwah.com).

Halali für den kleinen Geldbeutel

New York ist Amerikas teuerste Stadt, aber manches kostet auch keinen Cent. Es gibt eine ganze Reihe sehenswerter Orte, deren Besuch kostenlos oder wirklich günstig ist. Einige der besten finden Sie hier.

Chelsea, Manhattans wichtigstes Galerieviertel, ist ein Paradies für Sparfüchse, die mehr schauen als kaufen möchten. Vernissagen an Donnerstagabenden bieten viel zu sehen, meist bei einem Glas Wein. Achten Sie auf Ankündigungen im »New York« oder im »TimeOut Magazine«.

Hohe Kunst zu niedrigen Preisen

Viele Museen in New York nehmen keine Eintrittsgelder. Im Museum of Modern Art (S. 53) ist freitags zwischen 16 und 20 Uhr der Eintritt frei (sonst 25 $). Falls Ihr Appetit auf gute Kunst dann immer noch nicht gestillt ist, bietet sich das Whitney Museum of American Art (S. 120) an (freitags zwischen 19 und 22 Uhr bestimmen Sie den Eintrittspreis selbst; allerdings muss man online sein Ticket vorbestellen). Das Metropolitan Museum of Art (S. 81) hat lange den Eintrittspreis von 25 $ als empfohlen gekennzeichnet, seit März 2018 muss man aber einen Wohnsitz in New York vorweisen können, um weiter »pay what you wish« zu machen. Beim P.S.1 Contemporary Art Center (22 Jackson Avenue; www.ps1.org), einer Bastion der alternativen Kunst in Queens, wird eine Spende von 10 $ erbeten – Sie wären jedoch nicht der Erste, der nur einen Dollar hinlegt. Auch im American Museum of Natural History dürfen Sie den Preis (regulär 23 $) selbst bestimmen.

Freiluftkino

Der Bryant Park (S. 60) zwischen 40th und 42nd Street sowie 5th und 6th Avenue veranstaltet im Sommer montags kostenlose Filmvorführungen im Freien. Beginn ist zur Dämmerung, aber die Tore zur Wiese öffnen bereits um 17 Uhr. Sie sollten sich frühzeitig einen Platz sichern. Weniger stark besuchte

Umsonst & draußen: Ruhe und Stille im Central Park

Filmvorführungen im Freien gibt es mittwochs im Riverside Park South (S. 93) und donnerstags im Brooklyn Bridge Park (334 Furman Street, www.brooklynbridgepark.org).

Bronx-Schnäppchen
Der Bronx Zoo, größter Zoo der Welt, gewährt jeden Mittwoch ermäßigten Eintritt. Verbinden Sie die Besichtigung mit einem Besuch des nahe gelegenen Botanischen Gartens, der Mi und Sa von 9 bis 10 Uhr keinen Eintritt kostet.

Kostenloser Central Park
Gemütlich durch die knapp 350 Hektar großen Grünanlagen (S. 76) in Manhattan zu schlendern, kostet überhaupt nichts. Und es gibt auch fantastische Aufführungen dort im Sommer umsonst … Viele berühmte Schauspieler haben auf der Parkbühne schon gespielt. An der Kasse des Parks werden um 12 und am Public Theatre an der Lafayette 425 zwischen 12 und 14 Uhr Eintrittskarten ausgegeben. Stellen Sie sich am besten Vormittag an. Findige New Yorker bezahlen High-School-Schüler, damit diese für sie mehrere Stunden Schlange stehen. Die Metropolitan Opera und die New York Philharmonic veranstalten Gratisaufführungen auf dem Great Lawn (www.centralpark.com). Mitte Juni bis Mitte September sind auf der »Summerstage« viele der besten Popmusiker und Tänzer zu Gast (www.summerstage.org).

Downtown-Tipps
Der Winter Garden bietet unter seinem gewölbten Glasdach Raum für kulturelle Events (Vesey Street, Ecke West Street, bfplny.com). Kinoabende gibt's auch auf der Oculus Plaza (tribeca film.com/drive-in) vor dem 9/11-Memorial beim World Trade Centre.

Kodak
Kodak
Kodak
BUILT FOR THE WAY YOU PLAY
Marriott
NEW YORK MARQUIS
THE HOTTEST TICKET IN TOWN!
EVITA
MARQUIS
EVITA
TIMES SQUARE
NEW YORK
T621078C
T&LC
Es gibt ein paar Orte auf der Welt, die muss
man einfach mit eigenen Augen gesehen haben. Der
Times Square ist einer davon.

Midtown Manhattan

Die Mitte der Stadt ist
zugleich die Mitte von allem,
was New York ausmacht –
das Zentrum der Superlative:
höher, schneller, lauter.

Seite 36–67

Erste Orientierung

New York kennt kein Mittelmaß, das Motto der Stadt ist der Superlativ. Midtown Manhattan versprüht diese »Alles ist möglich«-Energie besonders großzügig. Zwischen den gigantischen Wolkenkratzern pulsiert das Leben, am Grand Central Terminal herrscht hektische Geschäftigkeit, Times Square und Broadway erstrahlen im gleißenden Lichtermeer.

Midtown erstreckt sich von der 42nd Street bis zur 59th Street, wo der Central Park beginnt. Die meisten Sehenswürdigkeiten liegen zwischen der 8th Avenue und der Lexington Avenue. Die 5th Avenue bildet die Grenze zwischen West Side und East Side. Da die Mieten hier die höchsten von ganz Manhattan sind, ist es kein Wunder, dass fast jeder Quadratmeter kommerziell genutzt wird. Jeder Passant hat es eilig, und das Phänomen des »Multitasking« gibt es hier schon länger als in der Welt des High-tech: New Yorker hasten durch die Straßen, in der einen Hand das Handy, in der anderen einen Bagel. Als Städtereisender können Sie sich das Treiben um Sie herum aber ganz gelassen ansehen.

TOP 10

3 ★★ Times Square
4 ★★ 5th Avenue
9 ★★ Grand Central Terminal

Nicht verpassen!

11 Rockefeller Center
12 Museum of Modern Art

Nach Lust und Laune!

13 United Nation Headquarters
14 Chrysler Building
15 St. Patrick's Cathedral
16 The Paley Center for Media
17 The Paris Theatre
18 Bergdorf Goodman
19 Plaza Hotel
20 Bryant Park
21 New York Public Library
22 Intrepid Sea, Air & Space Museum

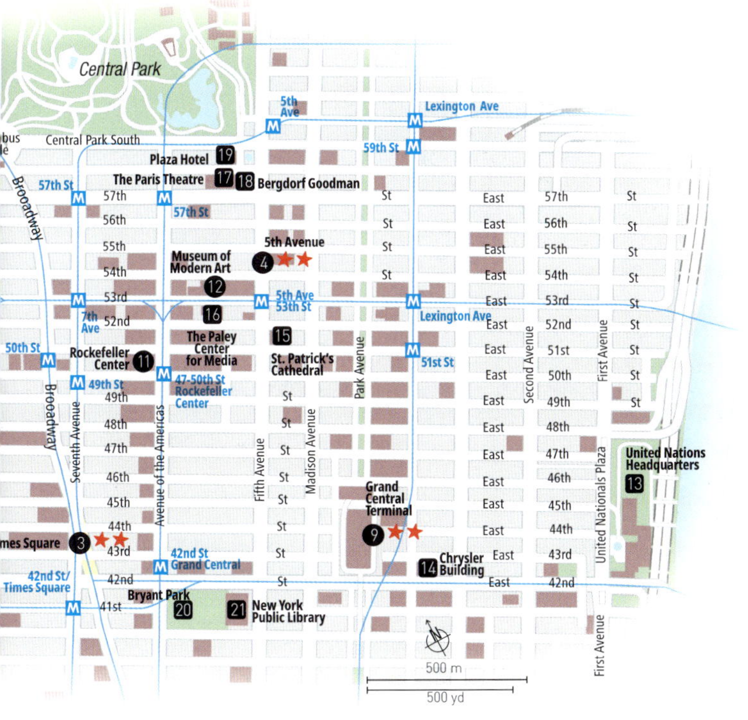

Mein Tag
im Herzen der Metropole

New York hat viele Gesichter – entdecken Sie die geschäftige und glamouröse Seele der Stadt. Der City-Puls wird Ihnen hier unter die Haut gehen: Spazieren, radeln und staunen Sie sich durch die quirlige Mitte von Manhattan.

🕗 8 Uhr: Die anderen hetzen, Sie genießen

Schicke Cafés wie L'Adresse American Bistro (1065 Sixth Avenue) oder Le Pain Quotidien säumen die 40th Street, nahe am **20** Bryant Park, wie magisch ruhige Oasen im Auge des Rushhour-Sturms. Setzen Sie sich mit Croissant und einem Caffè Latte an einen der Bistro-Tische und beobachten Sie die perfekt gestylten New Yorker auf dem Weg zum Office.

Frisch gestärkt können Sie es nun leichter mit dem ❸ ★★ Times Square aufnehmen! Am frühen Morgen ist das Gewusel noch nicht so dicht. Nehmen Sie auf einem der Stühle in der verkehrsberuhigten Zone Platz und genießen Sie die Atmosphäre. Auf der Avenue of the Americas geht es dann vorbei an der Radio City Music Hall in Richtung Uptown.

🕚 11 Uhr: Moderne Kunst sehen und erleben

Fast wie ein Statement gegen die sonst engen Großstadtflure ist die Großzügigkeit, mit der das Architektenteam Diller and Scofidio im Jahr 2019 den Bau des MoMA durch viel Glas und weite Aufgänge zu einem hellen, offenen Erlebnis

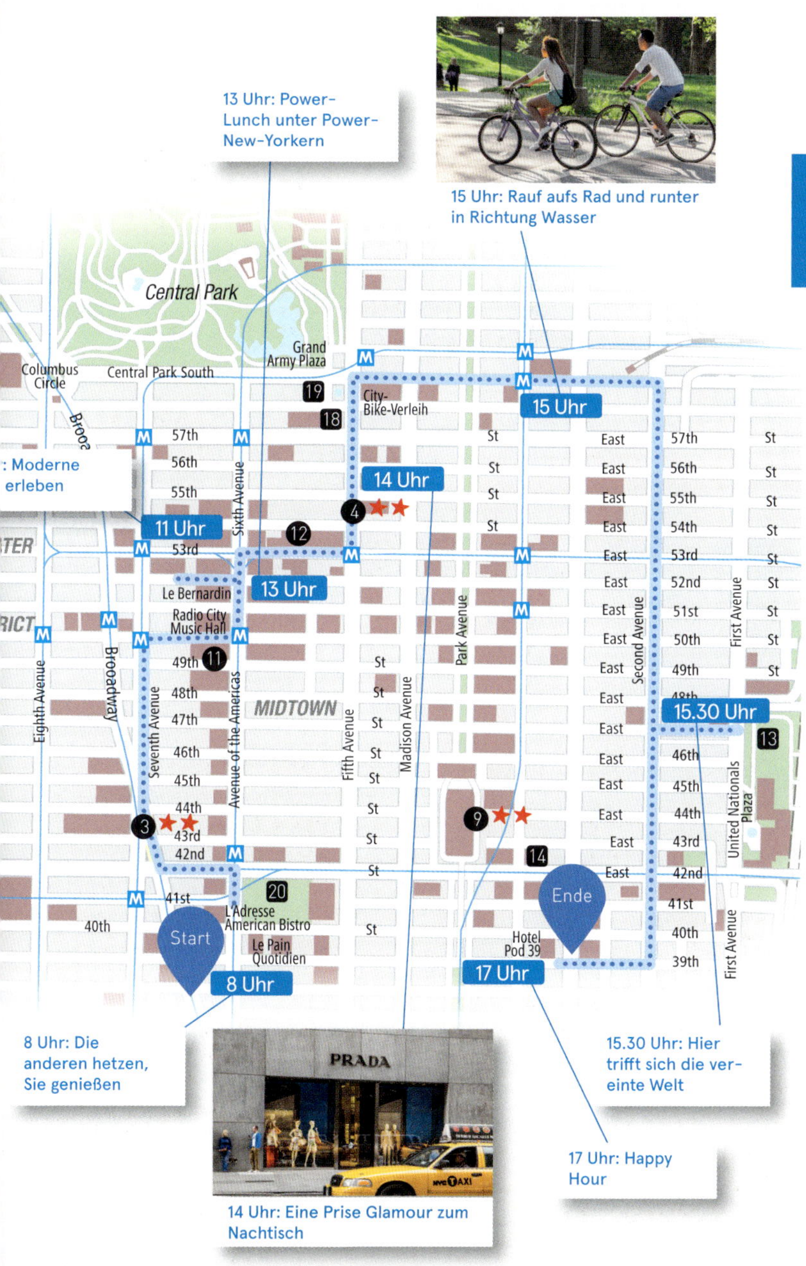

13 Uhr: Power-
Lunch unter Power-
New-Yorkern
15 Uhr: Rauf aufs Rad und runter
in Richtung Wasser
Central Park
Grand
Army Plaza
Columbus
Circle
Central Park South
Broadway
City-
Bike-Verleih
19
18
: Moderne
erleben
15 Uhr
57th
56th
55th
54th
53rd
52nd
51st
50th
49th
48th
St
St
St
St
East
East
East
East
East
East
East
East
East
57th
56th
55th
54th
53rd
52nd
51st
50th
49th
St
St
St
St
St
St
St
St
St
First Avenue
Sixth Avenue
14 Uhr
4
11 Uhr
12
53rd
13 Uhr
Le Bernardin
Radio City
Music Hall
49th
11
48th
47th
46th
45th
44th
43rd
42nd
Broadway
Seventh Avenue
Avenue of the Americas
MIDTOWN
Fifth Avenue
Madison Avenue
Park Avenue
Second Avenue
St
St
St
St
St
St
St
St
East
East
East
East
East
East
East
East
15.30 Uhr
13
United Nationals
Plaza
46th
45th
44th
43rd
42nd
9
14
Ende
41st
40th
Eighth Avenue
41st
40th
20
L'Adresse
American Bistro
Le Pain
Quotidien
Start
8 Uhr
Hotel
Pod 39
17 Uhr
First Avenue
39th
8 Uhr: Die
anderen hetzen,
Sie genießen
15.30 Uhr: Hier
trifft sich die ver-
einte Welt
17 Uhr: Happy
Hour
PRADA
14 Uhr: Eine Prise Glamour zum
Nachtisch

Die Galerie im Museum of Modern Art (MoMA) mit einer Skulptur von Massoud Hassani

gestaltet hat. Persönlichen Charme strahlt der Skulpturengarten aus: Auf einer der Bänke entspannend, kommen die nun prall mit Kunsteindrücken gefüllten Gedanken wieder zur Ruhe.

13 Uhr: Power Lunch unter Power-New-Yorkern

Eintauchen in die Glamour-Welt der New Yorker Business-Elite: Beim Lunch werden Geschäfte abgeschlossen und Kontakte festgezurrt. Setzen Sie sich auf einen der dunklen Lederstühle im Le Bernardin (155 West 51st Street) und genießen Sie feinste Fisch- und Steak-Gerichte.

Das Lunchen mit den oberen Zentausend ist allerdings nicht ganz günstig: Die »Prix Fixe« für Lunches beginnen bei ca. 125 $.

14 Uhr: Eine Prise Glamour zum Nachtisch

Angenehm satt und mit dem geschäftigen Gesumme der Big-Apple-Macher im Ohr geht es weiter: Den großen Brunnen vor dem Plaza Hotel an der ❹ ★★ 5th Avenue kennen wir doch aus Serien wie »Friends« – er ist auch im wirklichen Leben ein perfekter Ort für ein Tête-à-Tête mit der Stadt in ihrem schönsten Luxusgewand: Auf der einen Seite prangt das Luxuskaufhaus Bergdorf Goodman, auf der anderen funkelt der Apple-Store, und in Ihrem Rücken thront das Plaza.

Ein erfüllter Tag endet idealerweise mit einem Sundowner.

15 Uhr: Rauf aufs Rad

New York ist für seinen dichten Verkehr bekannt – das heißt aber nicht, dass Sie nicht mit dem Rad durch die Metropole fahren könnten. Vor allem in Midtown breiten sich »Citi Bike«-Verleih und Fahrradwege aus und werden von Business-People für den schnellen Trip zum Meeting genutzt. Schnappen auch Sie sich an der 5th Avenue, Ecke 59th Street ein Bike: Der Radweg an der 55th Street gibt Blicke auf das **14** Chrysler Building frei, bevor man auf der Second Avenue Downtown fährt, den East River zur Seite. Docken Sie Ihr Bike an einem der Park-Ständer wieder an, etwa an der 44th Street und 1st Avenue direkt vor den UN.

15.30 Uhr: Hier trifft sich die vereinte Welt auf einem Fleck

Geschäftigkeit der anderen Art wird Sie ab der 47th Street aufsaugen: Im Headquarter der **13** Vereinten Nationen gehen Diplomaten ein und aus. Sie können eine Tour buchen oder aus der Distanz das Gebäude der Vollversammlung anschauen.

17 Uhr: Happy Hour

Zeit, einen Aperitif zu trinken! Genießen Sie die Happy Hour im Stil der Midtowner – auf einer der schönen Dachterrassen wie der des Hotels Pod 39 in der 39th Street. Der Ausblick ist gigantisch, immerhin sitzt man hier inmitten der Skyscraper. Die schimmern sehr elegant, wenn die Sonne untergeht.

❸ ★★ Times Square

Einst war die lang gestreckte Kreuzung von Broadway und 7th Avenue zwischen West 42nd und 47th Street mit Prostitution und hoher Kriminalität ein Schmuddelkind der Stadt. Heute ist der Times Square ein leuchtend strahlendes Symbol eines aufgeräumten, Show-liebenden Big Apple.

Ein Teil wurde sogar zu New Yorks erster Fußgängerzone: Machen Sie es sich auf dem Streifen zwischen 42nd und 47th Street auf einem der bunten Stühle bequem – die Szenerie, die sich am berühmten Dreieck ausbreitet, ist besser als jeder Film. Um sich die Fassaden einiger alter Theater anzusehen, gehen Sie am besten auf der 44th, 45th oder 47th Street Richtung Westen. Von oben funkelt der Square übrigens nochmals ganz anders. Den coolsten Blick haben Sie von der Terrasse der futuristischen Bar Supernova des Novotel (226 West 52nd Street; www.novotelmetamorphosis.com).

Highlights

One Times Square. Stehen Sie, wo an Silvester der Ball fällt. Die meisten Stockwerke des Gebäudes sind leer, die Besitzer kassieren Millionen von Dollar für die Leuchtreklame.
✉ Ecke 42nd Street

Paramount Building. Der letzte klassische Wolkenkratzer am Times Square, ein ehemaliges Prunk-Kino und Sitz der Paramount Filmstudios. Unbedingt mal nach oben schauen.
✉ Broadway Ecke 43rd Street

MTV Studios. Musikfans drängeln sich vor den Studios auf der Straße.

✉ Broadway zwischen 43rd und 44th Street

42nd Street. E-Walk Entertainment Complex, AMC Multiplex, Madame Tussaud's Wachsfigurenkabinett und das New Amsterdam Theater beleben den Westteil der 7th Avenue.

✉ Zwischen 47th und 42nd Street

Hard Rock Cafe. Musikfans kommen hier voll auf ihre Kosten. Tellergroße Burger gibt es natürlich auch.

✉ 1501 Broadway, Ecke 43rd Street

Palace Theatre. Ein Auftritt im Palace galt während der großen Zeit der Varietés als Höhepunkt der Karriere.

✉ 1564 Broadway, Ecke 47th Street

TKTS Kiosk. Tickets für Broadway-Shows am selben Tag zum halben Preis. Bester Aussichts- und Treffpunkt.

✉ 47th Street, zwischen Broadway und 7th Avenue

KLEINE PAUSE

Vor Theaterbeginn ist das **Café Un Deux Trois** (123 West 44th Street, Tel. 212/354-4148) ein Tollhaus, sonst recht ruhig.

New York leuchtet. Nicht nur, aber ganz besonders hier am stets stark frequentierten Times Square.

✛ 198 C2

🚇 Times Square/42nd Street (Bus 1, 2, 3, 7, N, Q, R, W, S); 42nd Street/Port Authority Bus Terminal (A, C, E)

🚌 M6, M7, M10, M42, M104

❹ ★★ 5th Avenue

Warum?	Weil Audrey Hepburn wusste, was Stil hat!
Was?	Schlendern, Schaufensterbummel, einkaufen, träumen
Wie?	Im hippen Outfit – Style-Fotografen suchen hier öfter nach Inspiration
Wer?	Jeder! Lassen Sie sich nicht von den luxuriösen Designer-Läden einschüchtern
Wann?	Am besten unter der Woche

Im Winter ein romantisches Lichtermeer, werden die breiten Gehwege im Sommer zum Laufsteg für hippe Trendsetter – den Rest der Zeit besticht die 5th Avenue schlichtweg durch ihre Mischung aus Eleganz, Pomp und zeitlosem Flair.

New Yorks ikonische Einkaufsmeile hat es in viele Filme geschafft – allen voran natürlich in »Breakfast at Tiffany's«, wo sich Audrey Hepburn sehnsuchtsvoll die Nase am Schaufenster plattdrückt. Der Charme der 5th Avenue ist, dass man die großen Ikonen wie den Luxus-Juwelier Tiffany (57th Street), das glamouröse Bergdorf Goodman (58th Street) oder das monumentale Plaza Hotel (59th Street) zum Staunen betre-

Prada-Flagship-Store in Bestlage (724 5th Avenue): Alles, was gut & teuer ist ...

ten kann, auch ohne das Konto leer räumen zu müssen oder von den Angestellten streng angeschaut zu werden.

Schlendern ist (kein) Luxus

Starten Sie an der 42nd Street und bummeln dann vorbei an Ketten wie Zara, H&M oder Uniqlo weiter in Richtung Glamour und Luxus. Je näher am Central Park, desto pompöser die Geschäfte und einstigen Herrenhäuser. In besonders aufwendigen Gebäuden residieren Designer-Marken wie Versace oder Cartier (beide 52nd Street; italienische Renaissance, 1905), Parfum und Make-up verkauft Sephora im Beaux-Arts-Haus (48th Street, 1913). Beruhigende Auszeit vom Shopping-Taumel finden Sie bei einem Besuch der St. Thomas' Church (1 West 53rd Street, Neogotik, 1914).

Doch selbst die Grande Dame der Shoppingmeilen bleibt von Veränderungen nicht verschont: Zuletzt ist der Flagship-Store von Ralph Lauren von der 5th Avenue verschwunden, Lord & Taylor hat ein Drittel seines blocklangen Gebäudes an das Unternehmen WeWork verkauft. Künftig werden an der 39th Street lässige Entrepreneure ihre Kreativität in Community-Büros kultivieren.

Und dann ist da noch der Trump Tower, natürlich. New Yorker wechseln zwischen 56th und 57th Street die Straße, um dem Sicherheits-, gelegentlich auch Fotorummel aus dem Weg zu gehen. Ein Blick in die rote Marmor-Lobby mit dem meterhohen Wasserfall lohnt sich trotzdem.

Blick in die Fifth Avenue, Ecke 59th Street. Links geht es zum gläsernen Apple Store, rechts sind es noch ein paar Schritte zum Plaza Hotel, im Hintergrund lockt der Central Park als grüne Oase.

✛ 199 D3 🚇 5th Avenue/53rd Street (E, M); 5th Avenue/60th Street (N, R); 42nd Street/Bryant Park (B, D, F, M, Q, 7) 🚌 1–5, M42, M50, M57

❾ ★★ Grand Central Terminal

Was?	Ein durchrauschender Orkan an Reisenden, Locals und Geschäftsleuten
Wann?	Am meisten los ist zur Rushhour um 8 oder 17 Uhr
Was noch?	Plötzlicher Ruhepol beim Hinaufschauen in den (gemalten) Sternenhimmel
Wo?	Am intensivsten direkt in der Haupthalle. Für Snacks ab in die Arkaden
Wie informieren?	Täglich um 12.30 Uhr startet unter der Uhr ein Rundgang (25 $)

Was für ein Anblick: Der Grand Central Terminal ist einer der größten Bahnhöfe der Welt! Tageslicht strömt durch hohe Bogenfenster, Lampen glitzern unter dem riesigen Deckengemälde, der Fußboden ist aus poliertem Marmor …

Im Jahr 1871 weihte der Eisenbahnmagnat Cornelius Vanderbilt (1794–1877) hier einen ersten Bahnhof ein, von dem Fernzüge der privaten Eisenbahngesellschaft New York Central nach Chicago und Kanada starteten. Im heutigen Bau der Architekten Reed & Stem verschmelzen Barock- und Renaissanceelemente. Dabei täuscht sein Äußeres: Der Kopfbahnhof entstand 1903 bis 1913 und ist einer der größten Passagierbahnhöfe der Welt. Alle Zufahrten wurden unter die Erde verlegt, der Haupteingang liegt am Südende. Auf dem Gebäude thront eine 1500 Tonnen schwere Skulpturengruppe von Jules-Félix Coutan: Merkur, der Gott des Handels (und der Geschwindigkeit), flankiert von Minerva (Göttin der Weisheit) und Herkules (Gott der Stärke). Im mittleren Gewölbe steht eine Bronzestatue Vanderbilts. In der Vanderbilt Hall, dem früheren Wartesaal für Langstreckenreisende, verkürzen heute Ausstellungen die Wartezeit. Schauen Sie hier auch einmal nach oben: Jeder der eleganten Leuchter ist 2,5 Tonnen schwer und strahlt dank 132 Leuchten.

Den Haupteingang krönen drei Skulpturen, die Merkur, Herkules und Minerva verkörpern.

Die Haupthalle

Machen Sie sich beim Durchschreiten auf Gänsehautmomente gefasst. Einer der damaligen Architekten wollte dem Bahnhof die Lebhaftigkeit und Ausmaße eines Marktes oder eines antiken Basars verleihen, und so erinnert die Halle tatsächlich an eine griechische Agora oder ein römisches Forum. Der Marmorfußboden ist nach kartesischem Prinzip gemustert und hilft den eiligen Gästen, ihre Distanz zum Nachbarn einzuschätzen. So gibt es selbst in der Rushhour kaum Zusammenstöße.

Von einem gemalten Sternenhimmel überdacht: die Haupthalle des Grand Central Terminal.

Astronomisch bewanderte Besucher bemerken schnell: Die Sternbilder des Deckengemäldes sind seitenverkehrt aufgemalt. So hält z. B. Orion die Keule in der rechten statt in der linken Hand. Ob dies beabsichtigt war oder nicht, ist nicht mehr zu klären: Einige Historiker vermuten, dass der Künstler Paul Helleu sich hier einfach vertan hat. Den Vanderbilts soll er allerdings gesagt haben, dass er den Sternenhimmel von Gottes Standpunkt aus gemalt habe. Um Einzelheiten des Deckengemäldes zu entdecken, fahren Sie mit der Rolltreppe in Richtung Nordausgang, dann nehmen Sie direkt wieder die Rolltreppe in Gegenrichtung.

Während der Coronapandemie verkam Grand Central vorübergehend zu einem Geisterbahnhof, man konnte in der Halle Fahrrad fahren. Heute nutzen wieder beinahe 750 000 Passagiere täglich den Bahnhof, der gleichzeitig auch ein mittelgroßes Shoppingcenter ist. In der unteren Ebene und den Arkaden reihen sich Cafés und Restaurants.

✚ 199 D1 ✉ 42nd Street zwischen Vanderbilt und Lexington Avenue
☎ 212/532-4900
🌐 www.grandcentralterminal.com
🕐 tägl. 5.30–2 Uhr

🍴 Dining Concourse ($); Cipriani Dolci ($$); The Oyster Bar & Restaurant ($$) 🚇 Subway Grand Central (4, 5, 6, 7, S) 🚌 M101, M102, M103, M1, M2, M3, M4, Q32, M42; Metro-North

⓫ Rockefeller Center

Ein Rundgang durch den 19 Wolkenkratzer umfassenden Komplex lässt Sie in die Vision John D. Rockefellers von einer Stadt innerhalb der Stadt und eines völlig neuen, modernen Zeitalters eintauchen.

John D. Rockefeller, Mitbegründer einer Erdölraffinerie, aus der 1870 die Standard Oil Company hervorging, war zu seiner Zeit der reichste Mann der Welt.

Das Gelände zwischen der 48th und der 51st Street sowie zwischen der 5th und 6th Avenue gehörte der Columbia University, als John D. Rockefeller es im Jahr 1928 erwarb. Ursprünglich sollte darauf eine neue städtische Oper entstehen. Doch während der Weltwirtschaftskrise in den 1930er-Jahren stiegen die Verantwortlichen der Oper aus dem Projekt aus.

Daraufhin entschloss sich Rockefeller trotz der schwierigen Zeiten zum Bau des nun rein kommerziell konzipierten größten privaten Geschäfts- und Unterhaltungskomplexes der Welt. Im Zentrum sollten die damals noch neuen Medien stehen – das Fernsehen und das Radio, dem in der angrenzenden Radio City Music Hall gehuldigt wird. Zunächst mussten dafür 228 Häuser abgerissen werden, 1933 konnte dann als Erstes das RCA Building (später lange GE Building, heute Comcast) eingeweiht werden. Gut 40 000 Arbeiter waren an dem Projekt beteiligt, für die Pläne verantwortlich zeichnete ein Team aus sieben Architekten unter der Leitung von Raymond Hood. Er war auch einer der Architekten des Tribune Tower (1925) in Chicago (S. 15).

Kaufen, verkaufen

Ende 1989 kaufte die japanische Mitsubishi
Estate Company 51 Prozent des Rockefeller
Centers von den damaligen Erben. Zwölf Jah-
re später erwarb die New Yorker Immobilien-
firma Tishman Speyer für 1,85 Milliarden
US-Dollar die Kapitalmehrheit an der histori-
schen Immobilie. Die steigenden Preise der
Stadt gingen auch an den Rockefellers nicht
vorbei: Im Jahr 2014 zog die Familie aus dem
GE Building aus, das dann 2015 in Comcast
(Haupteigner des Mediennetzwerks NBC
Universal) umgetauft wurde.

Noch schnell
ein Foto vor
dem Rockefel-
ler Center?

Kunst am Bau

Neben vielen Büros befinden sich im Rockefeller Center zig
Restaurants, Dutzende von Geschäften zu ebener Erde und in
den unterirdischen Durchgängen verschiedene Fernsehstudi-
os, mehrere Ausstellungsräume und die im Winter beliebte
Eislauffläche (The Rink).

Die großzügigen Plätze sind ein wahres Freilichtmuseum
mit Fresken, Skulpturen und Reliefs. Rund zwei Dutzend
Künstler haben hier über 100 Kunstwerke geschaffen. Dazu
formulierte ein eigens bestellter Ausschuss ein hehres Leit-
motiv: Um nichts weniger als »die Menschheit am Scheideweg
mit hoffnungsvollem und visionärem Blick für eine neue und
bessere Zukunft« sollte es gehen.

Ein Rundgang

Beginnen Sie Ihren Rockefeller-Rundgang an Lee Lawries
berühmter Atlasstatue an der 5th Avenue, gegenüber der
St. Patrick's Cathedral, Ecke 51st Street vor dem International
Building. Und vergessen Sie nicht, einen Blick in die Eingangshalle aus grünem Marmor zu werfen!

Weiter geht's nach Süden zu den Channel Gardens, die
so benannt wurden, weil sie das British Empire Building
vom French Building trennen. Folgen Sie dem Fußweg nach
Westen zur Outdoor Plaza. Über ihr thront die vergoldete
Prometheus-Statue von Paul Manship. Der Fries über dem
Osteingang des Comcast Building zeigt im mittleren Teil

Lee Lawries Werk »Die Weisheit« (www.topoftherocknyc.com). Der linke Teil symbolisiert den Klang, der rechte das Licht – passend für den Sitz der NBC. NBC produziert auch die legendäre »Today Show«, die jeden Morgen zwischen 7 und 9 Uhr in einem gläsernen Studio des Comcast Building über die Bühne geht. Versäumen Sie nicht, einen Blick in die Lobby des Hauptgebäudes, der Nummer 1 Rockefeller Center, zu werfen, mit seinem Deckengemälde »Man at the Crossroads«: Es ist ein Werk des mexikanischen Malers Diego Rivera.

Weiter nach Norden, kurz vor der 51st Street, finden Sie auf der linken Seite den Fries »News« von Isamu Noguchi. Er schmückt den Eingang des Associated Press Building.

Dann Kehrtwende an der 50th Street: Nun in Richtung Westen gehen, bis Ihnen die Radio City Music Hall mit ihrer Leuchtreklame entgegenflimmert. Hier stellen drei Bilder von Hildreth Meière an der Straßenseite des Gebäudes die Themen Tanz, Drama und Gesang dar.

Schlendern Sie dann die Avenue of the Americas/6th Avenue entlang zum Westeingang des Comcast Building. Aus über einer Million Glassteinen fertigte Barry Faulkner das Mosaik über dem Eingang. Zücken Sie an der Mitte des Blocks 50th und 49th Street Ihre Kamera: Hier entfaltet sich ein fotogener Blick auf die bunt erleuchtete Radio City Music Hall. Die beiden Gebäude neben dem Comcast Building unterscheiden sich auffallend von dessen Art-déco-Stil: Deren Besitzer weigerten sich, damals an Rockefeller zu verkaufen.

KLEINE PAUSE

Machen Sie es wie die Geschäftsleute, lunchen Sie bei gutem Wetter auf der Plaza. In der unterirdischen Ladenstraße **The Concourse** finden sich Restaurants und Imbissbuden.

 ✛ 199 D3 ✉ zwischen 48th und 51st Street sowie 5th und 6th Avenue ☎ 212/632-3975 ⊕ www.rockefeller center.com

🍴 Unterirdische Restaurantebene ($–$$$) Ⓜ Subway 47th–50th Street/ Rockefeller Center (B, D, F, M) 🚌 M4, M5, M27, M50

⑫ Museum of Modern Art

Das Museum of Modern Art, auch »MoMA« oder kurz »Modern« genannt, wurde 1929 von den drei Freundinnen Abby Aldrich Rockefeller, Lillie P. Bliss und Mary Quinn Sullivan, den Ehefrauen und Töchtern reicher Industriebarone, gegründet. Heute findet man hier die größte und bedeutendste Sammlung moderner Kunst der Welt.

Am nachdrücklichsten vorangetrieben wurde die Entstehung des Museums von Abby Aldrich Rockefeller, über die der Architekt Philip Johnson vielsagend meinte: »Sie hätte eine Armee befehligen können, wenn sie ein Mann gewesen wäre.« Die erste Ausstellung im November 1929 im Stadthaus der Rockefellers an der heutigen Stelle wurde mit 100 Gemälden französischer Impressionisten eröffnet. Die

Wer sich die Tickets für den Eintritt schon vorher online kauft, spart sich das lange Anstehen.

Blick in die Marie-Josée and Henry Kravis Gallery mit Kunstwerken von DeWain Valentine (im Bildvordergrund) und Joe Baer (an der Wand).

Sammlung wuchs durch großzügige Schenkungen und benötigte bald ein eigenes Museum. Der im Mai 1939 eingeweihte Bau wurde seither mehrfach erweitert. 1964 kamen der Ostflügel und der Skulpturengarten nach Plänen von Philip Johnson hinzu, 1984 verdoppelte der argentinische Architekt Cesar Pelli die Ausstellungsfläche durch einen Erweiterungsbau. Unter seiner Federführung entstand auch der 44-stöckige Wohnturm über dem Stammhaus (mit dem Verkauf der Luxuswohnungen wurde der Bestand der Sammlung weiter finanziert). 2004 eröffnete das von dem japanischen Architekten Yoshio Taniguchi umgebaute und erweiterte MoMA, dessen Fassade aus schwarzem Granit, Glas und Aluminium an das alte Gebäude anschließt.

2019 wurde das Museum erneut vom Architektenteam Diller and Scofidio umgebaut und erweitert.

Das MoMA im 21. Jahrhundert

Rund um die Black-Lives-Matter-Proteste des Jahres 2020 musste auch das MoMa sich fragen, ob seine Sammlung alter weißer Meister noch zeitgemäß ist. Seitdem hat das Museum die Ausstellung seiner permanenten Sammlung umgestellt, neu präsentiert und um viele Werke bislang vernachlässigter Künstler erweitert.

KLEINE PAUSE

Zwei **Cafés** bieten Snacks und Getränke, ebenso ein exklusives Restaurant, **The Modern** (ein Michelin-Stern). Empfehlenswert ist auch ein Besuch des Buchladens und des Skulpturengartens mit Werken von Max Ernst, Henry Moore, Henri Matisse, Pablo Picasso und Auguste Rodin.

✠ 199 D3 ✉ 11 West 53rd Street
☎ 212/708-9400
🌐 www.moma.org
🕐 tägl. 10.30–17.30 (Fr bis 20) Uhr

🎟 25 $, Fr 16–20 Uhr freier Eintritt
🍴 Cafés und Restaurant ($–$$$)
🚇 5th Avenue/53rd Street
(E, V) 🚌 M 1–7

Sanftes Rauschen mitten im Trubel

Manhattan ist aufregend, schrill und oft anstrengend. Kleine Oasen sind den New Yorkern deshalb so wichtig wie der Kaffee »to go« – und erstaunlich oft zu finden. Lassen Sie sich vom Midtown-Strudel wegreißen und vom sanften Plätschern verzaubern: Der versteckte Wasserfall des kleinen Greenacre Park in den Gebäudeschluchten der 51st Street spielt eine zarte City-Melodie. Und siehe da, die sonst so schnellen Passanten drehen einen Gang runter und sitzen entspannt auf den Gartenstühlen.

217 East 51st Street, zwischen 2nd Avenue und 3rd Avenue, https://greenacrepark.org

Chrysler Building

Mit dem Bau eines Firmensitzes wollte sich der Automobilhersteller Walter P. Chrysler ein Denkmal setzen. Mit Erfolg: Das Art-déco-Bauwerk des Architekten William Van Alen, in dem Besucher leider nur die Eingangshalle besichtigen dürfen, ist eines der schönsten Gebäude der Stadt.

❶ Gipfelstürmer Während sich die Bauarbeiten am Chrysler Building verzögerten, wurde die Bank of Manhattan in der Wall Street mit ihren 283 Metern bereits als höchstes Gebäude der Stadt gefeiert. Da zog der Architekt Van Alen seinen Trumpf aus dem Heizungsschacht: die 55,5 Meter hohe, 27 Tonnen schwere Edelstahlkrone, die auf sein Kommando ausfuhr: Der Triumph, 77 Stockwerke und 319 Meter Höhe, währte allerdings nur kurz. Die Architekten des Empire State Building erhöhten ihr Gebäude um zehn auf insgesamt 102 Stockwerke – im Jahr 1931, nur elf Monate nach Fertigstellung des Chrysler Buildings, holte es mit 381 Metern den Rekord.

❷ Zoning Law Damit Sonnenstrahlen und Luft bis in die Straßen hinunter dringen können, wurde 1916 die erste Bauordnung erlassen: Ab einer bestimmten Höhe müssen sich Wolkenkratzer zur Spitze hin verjüngen. Das Gesetz gab den klassischen New Yorker Wolkenkratzern ihre charakteristische Gestalt.

❸ Eine Hymne an das Automobil Der Turm aus glänzendem Edelstahl ähnelt den Lamellen des Kühlergrills, die acht gigantischen Wasserspeier in Form von Adlerköpfen sind den Kühlerfiguren des Chrysler Plymouth nachempfunden. Die gestuften Mauervorsprünge wurden von den Erbauern mit geflügelten Kühlerhauben, Rädern und stilisierten Autos versehen.

❹ Lobby Die Lobby war ursprünglich als Ausstellungsraum für Chrysler-Autos gedacht. Sie ist mit tiefrotem marokkanischem Marmor, weißem Onyx und Intarsien aus Edelhölzern geschmückt; die Fahrstuhltüren haben die Grabkammern Tutanchamuns als

Vorbild. Das 1930 angebrachte Deckengemälde von Edward Trumbull (1884–1968) zeigt Arbeiter beim Bau des Gebäudes sowie verschiedene Szenen aus der Technik- und Verkehrsgeschichte. Seit der Coronapandemie hat das Chrysler jedoch zu kämpfen. Wie bei vielen New Yorker Wolkenkratzern stehen derzeit zahlreiche Büros leer.

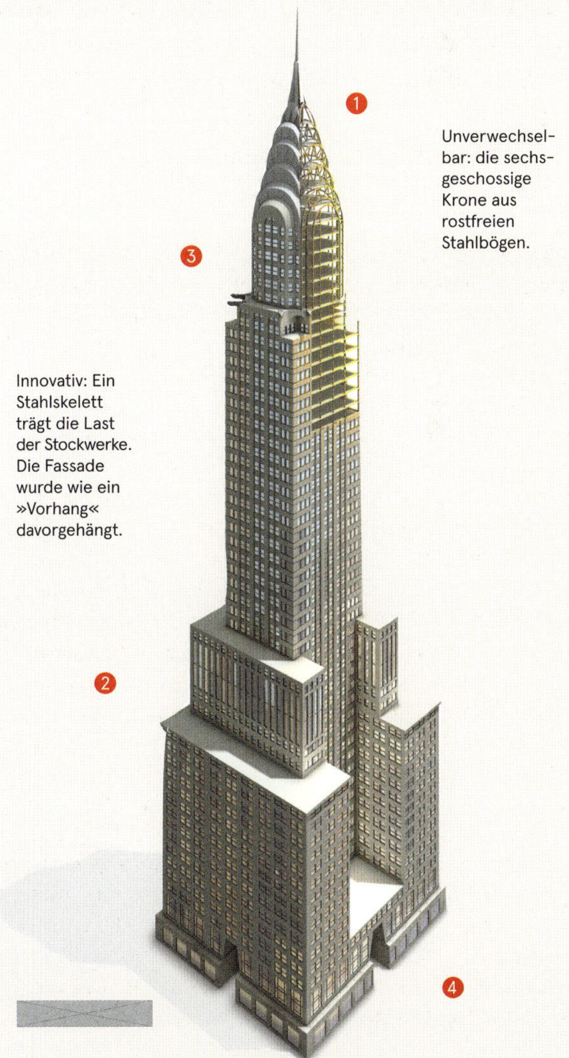

Nach Lust und Laune!

13 UN Headquarter

Im Jahr 1947, nach dem Zweiten Weltkrieg, wurden die besten Architekten der Welt unter Federführung von Le Corbusier nach New York gerufen, um das Gelände am East River zu bebauen. Interessant sind die Führungen u. a. durch den Saal der Vollversammlung und des Sicherheitsrates.

⚓ 199 E1 ✉ 1st Avenue, zwischen 42nd und 48th Street; Eingang mit Ticket an der 46th Street, Ecke 1st Avenue; die Tickets müssen vorab im Internet bestellt werden ☎ 212/963-7539 ⊕ www.un.org ● Führungen Mo–Fr 9–16.45; Sa/So 10–16.30 Uhr keine Touren, aber freier Zugang zum Visitor Center an der 43rd Street; keine Kinder unter 5 Jahren ◆ 22 $; unbedingt Pass/Personalausweis mitbringen; Ⓜ Grand Central (4, 5, 6, 7, S) 🚌 M15, M27, M42, M50, M104

14 Chrysler Building

Der amerikanische Automobilhersteller Walter P. Chrysler stellte in den 1920er-Jahren mit dem für kurze Zeit höchsten Gebäude der Welt seinen Wohlstand zur Schau (S. 56). Sein Architekt William Van Alen schmückte die Spitze des Gebäudes mit überdimensionalen Nachbildungen von Autoteilen von Chrysler-Modellen aus dem Jahr 1929. Keine Ausgaben wurden gescheut für eines der großartigsten Art-déco-Foyers New Yorks mit marokkanischen Marmorwänden, weißem Onyx aus Mexiko und einem Deckengemälde von Edward Trumbull. Die Türen der Grabkammer des ägyptischen Königs Tutanchamun dienten als Vorbilder für die Holzintarsien der Fahrstuhltüren und die pyramidenartige Aufzugsbeleuchtung. Beachten Sie bitte, dass dies ein Firmengebäude ist, außerhalb der Empfangshalle ist der Zutritt nicht gestattet.

⚓ 199 D1 ✉ 405 Lexington Avenue ● Lobby: Mo–Fr 8–18 Uhr Ⓜ Grand Central (4, 5, 6, 7, S) 🚌 M1–4, M42, M101–104

15 St. Patrick's Cathedral

James Renwick Jr., der auch die Grace Church in Manhattan entwarf, gestaltete St. Patrick's nach dem Vorbild mehrerer europäischer Kathedralen, allen voran die von Reims, Köln und Amiens. Der Bau begann 1858; die Kirche wurde 1879 geweiht, aber die mehr als 100 Meter hohen Kirchtürme wurden erst 1888 fertiggestellt. Neben den Wolkenkratzern der Midtown und

der riesigen Statue des heidnischen Gottes Atlas am Rockefeller Center gegenüber wirkt die Kirche fast wie eine Miniatur. Ihre Symmetrie und die Steine voll Patina verleihen ihr jedoch eine ganz eigene Größe. Einer der bedeutendsten Glaskünstler des 20. Jh.s, Charles Connick, entwarf die Rosette. Der St.-Michael- und der St.-Louis-Altar wurden von Tiffany & Co. gefertigt.

Die Kathedrale ist der New Yorker Bischofssitz.

✝ 199 D2 ✉ 5th Avenue and 50th Street ☎ 212/753-2261
⊕ www.saintpatrickscathedral.org ◑ tägl. 6.30–20.45 Uhr ✦ frei
🚇 5th Avenue/53rd Street (E, M)
🚌 M1–5, M50

16 The Paley Center for Media

Gelächter und gelegentliches Schluchzen unterbrechen die Stille in diesem Museum, in dem man sich alle Arten von Fernsehsendungen ansehen kann – vom Spielfilm über Comedy und Talkshows bis zu Dokumentarfilmen, Sportsendungen, Nachrichten und Werbung. Ausstellungen und Filmvorführungen ehren Radio- und Fernsehprominenz.

✝ 199 D3 ✉ 25 West 52nd Street, westlich der 5th Avenue ☎ 212/621-6600 ⊕ www.paleycenter.org ◑ Mi–So 12–18, Do bis 20 Uhr
✦ 10 $ 🚇 5th Avenue/53rd Street (E, M) 🚌 M1–5, M50

17 The Paris Theatre

Das 1948 eröffnete »Paris« ist das einzige noch verbliebene Single-Screen-Kino der Metropole. Gezeigt werden vor allem ausländische und Independent-Filme.

✝ 199 D3 ✉ 4 West 58th Street, Ecke 5th Avenue ☎ 212/593-4872
⊕ www.citycinemas.com/paris
🚇 5th Avenue/59th Street (N, Q, R) 🚌 M1–5, M31, M57

18 Bergdorf Goodman

Prestigeträchtig ist das Bergdorf Goodman allein schon durch den Standort: Wo sich heute die Damenabteilung befindet, stand früher das gewaltige Herrenhaus von Cornelius Vanderbilt II. Außerdem gestaltete ein Vorfahre der New Yorker Schriftstellerin Edith Wharton den Flügel der heutigen Männerabteilung im französischen Stil. Wenn Ihnen die Shoppingpreise zu hoch sind: Genießen Sie einen Snack im Café …

✝ 199 D3 ✉ 754 5th Avenue, Ecke 58th Street ☎ 212/753-7300
⊕ www.bergdorfgoodman.com
◑ Mo–So 12–18 Uhr
🚇 5th Avenue/59th Street (N, Q, R) 🚌 M1–5, M31, M57

19 Plaza Hotel

Henry J. Hardenbergh entwarf zwei berühmte Gebäude in Manhattan, die Dakota Apartments und das 19-stöckige Plaza Hotel mit seinen weißen Ziegelwänden und grünen

Kupfertürmchen. Das imposante Gebäude war bereits in den 1920er-Jahren Mittelpunkt der New Yorker Gesellschaft. F. Scott Fitzgerald feierte hier mit seiner Frau Zelda legendäre Feste. Kein Wunder also, dass Regisseur Baz Luhrmann Teile seiner Gatsby-Verfilmung mit Leonardo DiCaprio im Plaza drehte. Unbedingt den Ballsaal besichtigen. Hier veranstaltete Truman Capote einst seinen »Black & White«-Ball.

✠ 199 E3 ✉ 5th Avenue und Central Park South ☎ 212/759-3000 ⊕ www.theplaza.com ⊠ 5th Avenue/ 59th Street (N, Q, R) ⊟ M1–5

20 Bryant Park

Der Park hinter der New York Public Library wurde nach dem Dichter William Cullen Bryant (1794–1878) benannt – passenderweise ist die Liebe zur Natur eines der Hauptthemen seiner Gedichte. New Yorker nutzen den Park mit der großen Wiese und vielen Bäumen als Lunch-Oase, Open-Air-Office (es gibt freies WLAN) und dank der Pingpong-Tische als Fitnessterrain. Im Sommer gibt es jeden Montagabend Open-Air-Kino mit beliebten Klassikern der Filmgeschichte. Im Winter liegt die Eislaufbahn des Parks mit der bekannteren am Rockefeller Center im Dauerwettstreit.

Unter dem Park lagern die Bestände der angrenzenden New Yorker Bibliothek.

✠ 198 C1 ✉ 6th Avenue und West 42nd Street ⊕ www.bryant park.org ⊠ 42nd Street/6th Avenue (B, D, F, M, 7) ⊟ M1–4, M42, M104 ✦ frei

21 New York Public Library

Zwei Marmorlöwen bewachen den pompösen Aufgang zur Bibliothek. In der Haupthalle, der Astor Hall, führt die linke Treppe in den dritten Stock, wo große Wandgemälde die Geschichte des Buchdrucks illustrieren. Im riesigen Rose Main Reading-Room dienten venezianische Gemälde als Vorbild für die lachsfarbenen Wolken in den Deckengemälden. Ausstellungen der Bibliothek zeigen die vielseitigen Facetten der Stadt New York.

✛ 198 C1 ✉ 5th Avenue und 42nd Street ☎ 212/930-0830; 212/869-8089 für Ausstellungsinfos ⊕ www.nypl.org ◕ Mo, Do–Sa 10 bis 18, Di–Mi 10–20, So 13–17 Uhr ☵ 42nd Street/6th Avenue (B, D, F) ☷ M1–4, M42, M104 ✦ frei

22 Intrepid Sea, Air & Space Museum

Der Flugzeugträger USS Intrepid, der im Zweiten Weltkrieg von japanischen Kamikazefliegern angegriffen wurde und später bei der Bergung von Raumkapseln mitwirkte, wurde in ein Museum umgewandelt. Neben der Besichtigung der historischen Flugzeuge an Deck kann man eine Concorde und ein U-Boot betreten. Highlight ist die NASA-Raumfähre Enterprise.

✛ 198 A3 ✉ 12th Avenue und West 46th Street ☎ 212/245-0072 ⊕ www.intrepidmuseum.org ◕ April–Okt. Mo bis Fr 10–17, Sa/So 10–18; Nov.–März tägl. 10–17 Uhr; Kassenschluss 1 Std. vor Schließung; nur mit Buchung vorab online ☵ 42nd Street/8th Ave. (A, C, E); 42nd Street/Times Square (1, 2, 3, 7, N, Q, R, W, S) ☷ M42, M50 ✦ 33 $ inkl. Space Shuttle Pavilion

Wohin zum ...
Essen und Trinken?

Preise für ein Drei-Gänge-Menü ohne
Getränke, Steuer und Trinkgeld:
$ unter 30 $
$$ 30–60 $
$$$ über 60 $

RESTAURANTS

Alcala $$
Gleich um die Ecke der UNO möbelt die
baskische Küche das kulinarische Brachland
dieser Gegend auf. Serviert werden gut ge-
würzte Fisch- und Fleischgerichte
sowie das spanische Nationalgericht Paella,
das es hier in vier Variationen gibt. Beim
kleinen Hunger sind die Tapas zu empfehlen.
Das Montadito de Lomo (gegrillte Schweine-
lendchen auf rustikalem Brot) ist herrlich
zart, das »Spanish Omelet« ein Sattmacher.
✛ 199 E1 ✉ 246 East 44th Street,
Ecke 2nd Avenue ☎ 212/370–18 66
🌐 www.alcalarestaurant.nyc
🕐 Lunch: Mo–Do 12–23, Fr 12–24,
Sa 15.30–24, So 17–21.30 Uhr

Aquavit $$$
Dieses gehobene skandinavische Restaurant
mit seinen hellen Holzfußböden und den
Designermöbeln misst sich an Stockholm.
Beginnen Sie mit dem Hering oder dem *gra-
vlax* und nehmen Sie einen der hausgemachten Aquavits dazu – die mit Gurken-
und mit Erdbeeraroma sind besonders gut.
Mit einem *smörgåsbord* können Sie nichts
falsch machen. Abends gibt es im Restaurant
nur komplette Menüs. Sie können aber auch
im günstigeren und zwangloseren Bistro essen.
✛ 199 E3 ✉ 65 East 55th Street, zwischen
Park und Madison ☎ 212/307-7311
🌐 www.aquavit.org 🕐 Lunch: Mo–Fr 11.45
bis 14.30; Dinner: Mo–Do 17.30–22,
Fr/Sa 17.30–22.00 Uhr

Le Bernardin $$$
Das Dreisternerestaurant von Maguy Le
Coze und Eric Ripert hat so ziemlich alles an
Preisen abgesahnt. Auf den Lorbeeren ruht
man sich nicht aus, sondern gestaltet um
und probiert vieles neu. Fisch ist und bleibt
aber der Star auf dem Teller. Der Seeteufel
zergeht auf der Zunge, der norwegische
Hummer mit Trüffeln ist göttlich. Wenn es
mit der Reservierung im Dining Room (Sakkopflicht!) nicht klappt, in der Lounge vorbeischauen, da sind »walk-ins« willkommen!
✛ 199 D3 ✉ 155 West 51st Street, zwischen
6th und 7th Avenue ☎ 212/554-1515
🌐 www.le-bernardin.com 🕐 Lunch: Mo–Fr
12–14.30; Dinner: Mo–Do 17.15–22.30, Fr–Sa
17.15–23 Uhr; an Feiertagen geschl.

Churrascaria Plataforma $$$
Sie sind mit einer hungrigen Gruppe unterwegs? Das original brasilianische Barbecue
kann man für einen Festpreis bestellen und
so viel Rindfleisch, Hähnchen, Würstchen
und Innereien essen, wie man will – ein
grünes oder rotes Signal zeigt dem Kellner,
ob Nachschub gebracht werden soll. Dazu
gibt es ein eindrucksvolles Büfett zur Selbst-
bedienung. Und natürlich Caipirinha als Na-
tionalgetränk.
✛ 198 C3 ✉ 316 West 49th Street, zwischen
8th und 9th Avenue ☎ 212/245-0505
🌐 plataformaonline.com 🕐 So 12–21, Mo/Di
16–21, Mi/Do 13–22, Fr/Sa 12–23 Uhr

Ellen's Stardust Diner
Ein echte Times-Square-Attraktion. Zusätzlich zum 50er-Jahre-Flair und bewährter
amerikanischer Diner-Küche begegnen den
Gästen hier singende Kellner:innen.
Wer weiß, vielleicht serviert Ihnen ein zu-
künftiger Broadway-Star die Fritten. Aber
Achtung: Ellen's nimmt keine Reservierungen, die Schlangen können manchmal lang
werden.
✛ 198 C3 ✉ 1650 Broadway ☎ 212 956-5151
🌐 www.ellensstardustdiner.com 🕐 tägl.
7 Uhr bis Mitternacht

Felidia $$
Hier bekommt man die in den Vereinigten
Staaten ansonsten seltene Gelegenheit,
echte norditalienische Küche zu genießen:
insbesondere Spezialitäten aus Triest, dem
Geburtsort der Besitzerin und Chefköchin

Lidia Bastianich, die hausgemachte Pasta, ausgezeichnete Risotti und geschmorte Fleischgerichte zaubert. Dazu gibt es einen vollmundigen Barbera oder auch einen Barbaresco.
✝ 199 F3 ✉ 243 East 58th Street, zwischen 2nd und 3rd Avenue ☎ 212/758-1479 🌐 www.felidia-nyc.com 🕐 Lunch: Mo–Fr 12–14.30; Dinner: tägl. 17–22 Uhr

Hide Chan Ramen $

Ableger eines original Tokioter Lokals und vom legendären Restaurantkritiker Anthony Bourdain empfohlen. Spezialität ist »Tonkotsu Ramen« in einer cremigen Schweinebrühe. Mit einem Teller ab 15 $ für Midtown überaus günstig.
✝ 199 E2 ✉ 248 E 52nd Street, 2. Etage ☎ 212/813-1800 🌐 www.hidechanramen.nyc 🕐 Mo–Fr, 11.45–15 und 17–23 Uhr, Sa/So 11.45–22.30 Uhr

Kang Ho Dong Baekjeong $

Der erste Ableger der BBQ-Kette des südkoreanischen Wrestlers und Comedians Kang Ho Dong hat in New York für Furore gesorgt - wegen seiner traditionellen, deftigen Gerichte und auch den langen Öffnungszeiten. Baekjeong bedeutet »Metzger« und genau so darf man sich auch das Menü vorstellen: Fleisch, Fleisch, Fleisch – in den feinsten und würzigsten Marinaden. Die Schlange am Eingang ist meist lang, doch das Anstehen lohnt sich.
✝ 197 D4 ✉ 1 East 32nd Street, Ecke 5th Avenue ☎ 212/966-9839 🌐 baekjeongnyc.com 🕐 So–Do 11.30–2, Fr/Sa 11.30–7 Uhr (beim Redaktionsschluss ist ein Umzug geplant; aktuelle Informationen s. Website)

Overlook $

Gemütliche Sportbar in Midtown mit erstklassigen Burgern und Chicken Wings. Besonders lebhaft gestaltet sich die After-Work-Barszene. Das Overlook ist garantiert nicht touristisch.
✝ 199 E1 ✉ 225 E 44th St ☎ 212/682-7266 🌐 http://overlooknyc.com 🕐 Mo–Fr 11–3, Sa bis 4, So bis 1 Uhr

Oyster Bar at Grand Central $$

Der Geruch von Meer liegt in der Luft, die Atmosphäre ist locker. Sitzen können Sie im großen, höhlenartigen Hauptraum, der gemütlichen Bar und an der Theke, von der aus man bei der Zubereitung der in 25 Variationen angebotenen Austern zusehen kann. Wer es etwas preiswerter mag, fragt an der Theke nach der Sandwichkarte.
✝ 199 D1 ✉ Grand Central, untere Ebene, Ecke 42nd Street und Vanderbilt Avenue ☎ 212/490-6650 🌐 www.oysterbarny.com 🕐 Mo–Fr 11.30–21.30 Uhr

Rosa Mexicano $$

Feiern Sie hier Ihre eigene kleine Fiesta – die leckeren Margaritas und Sangrias helfen dabei. Die Guacamole wird frisch am Tisch zubereitet, deftig sind typische Gerichte wie in Bier gedünstete Lammkeule mit Guajillo-Chilischoten oder Posole mit Schweinefleisch.
✝ 199 E2 ✉ 52nd Street/2nd Avenue ☎ 212/753-7407 🌐 www.rosamexicano.com 🕐 Lunch: Sa/So 12–16 und Dinner: Mo 17–22.30, Di–Fr 17–23.30, Sa/So 16 bis 23.30/22.30 Uhr

Sardi's $

Traditionslokal im Theaterdistrikt und bis heute Treffpunkt für Schauspieler, Regisseure und Musiker. Große Attraktion ist die Galerie mit Karikaturen berühmter Theater- und Musicalpersönlichkeiten, für die es eine Ehre ist, bei Sardi's an die Wand zu kommen.
✝ 198 C2 ✉ 234 W 44th Street ☎ 212/221-8440 🌐 www.sardis.com 🕐 Di–Sa 12–22.45 Uhr

Sip Sak $

Dieses unkonventionelle, günstige Café am
Rande des Turtle-Bay-Viertels in Midtown
East serviert türkische Spezialitäten. Probieren Sie Kohlrouladen mit gehacktem Dill,
Joghurtsuppe oder die köstlichen Lamm-
gerichte.
† 199 F2 ✉ 928 2nd Avenue, zwischen 49th
und 50th ☎ 212/583-1900
⊕ www.sipsaknyc.com ⊘ tägl. 13–23 Uhr

Sparks Steak House $$$

Vor dem Lokal wurde einst der selbstherrli-
che Mafiaboss Paul Castellano im Auftrag eines Rivalen aus der eigenen Familie nieder-
geschossen – nachdem er gerade im Lokal
zu Abend gegessen hatte. Blutig zu geht's
hier aber auch, je nach Vorliebe, beim klassischen Steak oder bei den Lammkoteletts.
Tomatensalat mit Blauschimmelkäse und
Spargel sind als Vorspeisen zu empfehlen.
Die Weinkarte sucht ihresgleichen und ist
dafür berühmt, die beste Qualität zu durchaus annehmbaren Preisen zu bieten. Nach
dem Essen kann man sich dann an die Bar
zurückziehen.
† 199 E1 ✉ 210 East 46th Street, zwischen
2nd und 3rd Avenue ☎ 212/687-4855
⊕ www.sparkssteakhouse.com ⊘ Mo–Mi
12–10.30, Do/Fr 12–23, Sa 16–23, So 15–21
Uhr; an Feiertagen geschl.

Sushi Tsushima $

Das japanische Restaurant schließt eine Lü-
cke in der Midtown: tolle Qualität und mo-
derate Preise. Ein guter Deal ist die »Special
Roll Combo« mit Suppe und Salat für 26 $
zur Lunchzeit. Es gibt auch vegetarische und
traditionelle japanische Gerichte. Der Service ist aufmerksam und freundlich.
† 199 E1 ✉ 210 East 44th Street
☎ 212/207-1938 ⊕ tsushimany.com
⊘ Lunch: Mo–Fr 11.30–14.30, Dinner: Mo–Fr
17.30–22.30, Sa 12–22.30, So 12–22 Uhr

BARS

Ava Lounge

Hier begeistert der grandiose Blick auf den
Times Square und den Sonnenuntergang
über dem Hudson. Cocktails wie der Gin &
Sin sind der passende Einstieg ins Nachtleben. Gelegen auf dem Penthouse-Level
des Dream Hotel, ist der Dresscode lässig-
schick (bitte nicht mit Sportschuhen oder
Flip-Flops auflaufen, das ist nicht gerne
gesehen).
† 199 D3 ✉ 210 West 55th Street
☎ 212/956-7020 ⊕ www.addisongroupnyc.
com ⊘ So–Mi 17–2, Do–Sa 17–4 Uhr

Campbell Apartment

Auf der Westgalerie im Grand Central Terminal versteckt sich diese gemütliche Bar
gegenüber von Jordan's Restaurant. John
Campbell, ein Freund der Vanderbilts, rich-
tete sein Büro nach dem Vorbild eines flo-
rentinischen Palazzo des 13. Jh.s ein. Die
Designer der Bar nahmen das Motiv auf
und integrierten sowohl die Buntglasfenster
von Louis Comfort Tiffany als auch einen
Kamin.
† 199 D1 ✉ 14 Vanderbilt Avenue/
Grand Central Terminal ☎ 212/297-1781
⊕ thecampbellnyc.com ⊘ tägl. 12–2 Uhr

Forty Four

In den 1980er-Jahren war das schicke Roy-
alton des Hoteliers Ian Schrager Treffpunkt
von Stars und Sternchen. Heute mischt sich
hier vor allem die Fashionszene mit Ge-
schäftsleuten. Models nippen an
Drinks wie dem Runway aus Tequila, Aga-
ven-Sirup und Blutorangenpüree, Banker
bestellen ihren Whiskey »neat« – ohne
alles. Kommen Sie unter der Woche, »after
work« (ab 17 Uhr), dann ist am meisten los.
Tagsüber serviert man Frühstück und Lunch.
† 198 A3 ✉ 44 West 44th Street
☎ 212/869-88 44 ⊕ www.royaltonhotel.com
⊘ Mo–Fr 7–24, Sa/So 8–24 Uhr

Hell Cat Annie's Tap Room

Bierliebhaber haben an dieser Bar ihre wah-
re Freude. Hinter der Theke reihen sich die
Zapfsäulen aneinander, heraus kommt vor
allem American Craft Beer. Denn die Auffas-
sung, dass in den USA nur dünne Wässer-
chen gebraut werden, ist längst überholt.
Die Bedienungen wissen über jede Sorte
Bescheid und geizen nicht mit Probier-
proben. Dazu gibt es solides Barfood wie

»Signature Drink« der Bar The Campbell Apartment an der 42nd Street, nahe dem Grand Central Terminal, ist der »Prohibition Punch«.

Duck Sliders und Chili. Auf der Website können Sie nachschauen, was gerade gezapft wird, die Sorten wechseln während des Abends.
✣ 198 B3 ✉ 637 10th Avenue, Ecke 45th Street ☎ 212/586-2707 🌐 www.hellcatannies.com 🕐 So–Mi 15–2, Do/Fr 15–4, Sa 12–4, So 12–2 Uhr

King Cole Bar
Maxfield Parrishs gigantisches Wandgemälde »Old King Cole« dient als Blickfang in dieser eleganten Bar, wo 1934 der Red Snapper (auch bekannt als Bloody Mary) erfunden wurde. Es wird eine gute Auswahl an leichten Gerichten serviert.
✣ 199 E3 ✉ St. Regis Hotel, 2 East 55th Street, zwischen 5th und Madison Avenue ☎ 212/339-6857 🌐 www.kingcolebar.com 🕐 tgl 15–24 Uhr

P J Clarke's
Große Depression, Prohibition, zwei Weltkriege: Diese Bar hat alles mitgemacht. Schon seit 1884 ist das rote Backsteingebäude ein Treffpunkt. Der Sänger und Jazzmusiker Nat King Cole biss einst in den Cheeseburger und erklärte ihn zum »Cadillac of Burgers« – na, wenn das keine Empfehlung ist!
✣ 199 E2 ✉ 915 3rd Avenue, Ecke 55th Street ☎ 212/317-1616 🌐 www.pjclarkes.com 🕐 tägl. 11.30–23 Uhr

CAFÉS

Lange war Midtown ein Brachland, wenn es um guten Kaffee ging, aber mittlerweile haben sich gute Ketten wie Le Pain Quotidien mit netten Cafés angesiedelt. Hotels wie das St. Regis, das Plaza Court und das Waldorf kredenzen einen ausgezeichneten Fünf-Uhr-Tee. Aber auch abseits der Touristenpfade gibt es nette und günstigere Cafés.

Cupcake Café
Dieses ausgefallene Café mit langer Marmortheke und nur wenigen Tischen verkauft reizend dekorierte Törtchen und Kuchen, zu denen Sie Cappuccino oder Espresso genießen können.
✣ 198 B3 ✉ 467 West 49th Street, zwischen 9th und 10th Avenue ☎ 646/531-7244 🌐 www.cupcakecafe-nyc.com 🕐 Mo/Di, Do/Fr u. So 11–18.30 Uhr

Zibetto Espresso Bar
Diese flotte kleine Espressobar bietet Panini, italienische Limonade und Minigebäck an. Das eigentliche Highlight ist der Espresso, den man hier ganz nach italienischer Art im Stehen an der Marmortheke schlürft. Er wird mit einem Glas eisgekühltem Wasser serviert.
✣ 199 D3 ✉ 1385 6th Avenue (Nähe 56th Street) ☎ 646/707-0505 🌐 www.zibetto.com 🕐 tägl. 7-18 Uhr

Wohin zum ...
Einkaufen?

»Time Out New York« und das Magazin »New York« kündigen immer mal wieder interessante Ausverkäufe an. Hilfreich sind die Webseiten: www.timeout.com, www.nymag.com und http://ny.racked.com

MODE & DESIGN

Henri Bendel (712 5th Avenue, Ecke 56th Street) ist ein Boutiquekaufhaus, das Kleidung und Accessoires in einzigartigem Design führt. Bergdorf Goodman zählt zu den Klassikern, die Herrenabteilung befindet sich direkt gegenüber. Das größte Kaufhaus ist Macy's (34th Street, Ecke Herald Square), sehr bekannt ist Bloomingdale's (59th Street, Ecke Lexington Avenue), das berühmteste ist Tiffany & Co (5th Avenue, Ecke 57th Street) – ein faszinierender Ort für Schmuckliebhaber. Die Schaufenster von Harry Winston (718 5th Avenue, Höhe 56th Street) zeigen, womit sich richtig reiche Leute schmücken. Für Diamanten und Gold ist die 47th Street, zwischen 5th und 6th Avenue die richtige Adresse. Dazu gehört auch der Jewelry Exchange, eine Art Markt auf drei Etagen, wo viele kleine Händler ihre Schmuckkreationen in allen Preislagen anbieten.
Für kuriose Haushaltsartikel empfiehlt sich Mackenzie Childs (20th West 57th Street). Bei Jean's Silversmiths (16 West 45th Street) findet man immer mal wieder günstige Einzelstücke und Sets aus Silber.

EXQUISIT, ERLESEN, SPEZIELL

Andere interessante Adressen sind z. B. der Museum of Modern Art Design Store (44 West 53rd Street, zwischen 5th und 6th Avenue) und Knoll (1330 Avenue of the Americas, zwischen 53rd und 54th Street) mit eleganten, futuristischen Möbeln sowie schicken Accessoires und Textilien. Erste Adresse für Buchfreunde: Bauman Rare Books bietet Spezielles aus Kunst und Architektur (535 Madison Avenue, zwischen 54th und 55th Street) ebenso wie Argosy (116 East 59th Street, zwischen Park und Lexington). Läden wie Kinokuniya (1073 Avenue of the Americas/6th Avenue, zwischen 40th und 41st Street) oder Midtown Comics Grand Central (459 Lexington Avenue, Ecke 45th Street) versuchen, mit japanischen Manga-Comics und Action-Magazinen eine jüngere Kundschaft anzuziehen als die alteingesessenen Buchläden, von denen viele schließen mussten. An der Madison Avenue gibt es einige Herrenausstatter, z. B. Brooks Brothers (346 Madison Avenue, zwischen 44th und 45th Street) für klassische Kleidung und Nepenthes (307 West 38th Street, No 201, Ecke 8th Avenue), ein japanisches Geschäft mit Designerjacken, Taschen und Accessoires für den etwas hipperen Geschmack. Das Manhattan Art & Antiques Center (1050 2nd Avenue, Ecke 56th Street) empfiehlt sich für Antiquitäten. Galerien haben sich in großer Anzahl auf der 57th Street zwischen Madison und 6th Avenue etabliert, Verzeichnisse finden sich im Magazin »New York« und im »New Yorker«. Im Garment District (West 38th Street, zwischen 6th und 7th Avenue) gibt's Stoffe und Kurzwaren.

KINDER, KINDER!

Ein gut sortierter Spielzeugladen ist Kidding Around (107 East 42nd Street, Ecke Park Avenue). Erwachsene wie Kids haben im mehrstöckigen Lego Store am Rockefeller Center (620 5th Avenue) ihren Spaß. Und am Times Square versorgt die bunte M&M World (1600 Broadway) auf drei Etagen mit Nervennahrung.

Wohin zum ...
Ausgehen?

THEATER/TANZ

Manhattan Theater Club
Eine Bühne für zeitgenössische Stücke. Die Aufführungen finden meist im Friedman Theatre statt, das über 650 Plätze verfügt.
✛ 198 C3 ✉ 261 West 47th Street ☎ 212/239-6200 ⊕ www.manhattan theatreclub.com

New York City Center
Erstklassige Tanz-, Musik- und Theaterdarbietungen.
✛ 199 D3 ✉ 131 West 55th Street ☎ 212/ 581-1212 ⊕ www.nycitycenter.org

Roundabout Theatre
Vorwiegend auf Dramen spezialisiert, gespielt wird hauptsächlich im American Airlines Theatre.
✛ 198 B2 ✉ 227 West 42nd Street ☎ 212/719-1300 ⊕ www.roundabouttheatre.org

MUSIK

Birdland
Berühmtes Jazzlokal mit guter Akustik und großartigen Künstlern, in dem man auch gepflegt essen kann.
✛ 198 B2 ✉ 315 West 44th Street ☎ 212/581-3080 ⊕ www.birdlandjazz.com

Carnegie Hall
Hier treten sowohl die Weltgrößen der Klassik als auch des Pop und Jazz auf. Der große Saal fasst 2800 Zuschauer.
✛ 199 D3 ✉ 881 7th Avenue, Ecke 57th Street ☎ 212/247-7800 ⊕ www.carnegie hall.org

The Cutting Room
Hier ist nicht nur die Musik klasse, sondern auch das Design. Der Laden gehört übrigens dem Schauspieler Chris Noth.
✛ 197 E4 ✉ 44 E 32nd Street, zwischen Madison und Park Avenue ☎ 212/691-1900 ⊕ http://thecuttingroomnyc.com

Iridium
Klassischer Jazz- und Bluesclub direkt am Times Square, mit ausgesuchten Top-Acts und einer intimen Kellerbar-Atmosphäre. Öffnungszeiten: Laut Website immer dann, wenn eine Show geboten wird.
✛ 198 C3 ✉ 1650 Broadway ☎ 212/582-2121 ⊕ www.theiridium.com ✦ ab ca. 30 $

Radio City Music Hall
Im berühmten Art-déco-Saal treten Stars jeder Musikrichtung auf.
✛ 199 D3 ✉ 1260 6th Avenue, Ecke 50th Street ☎ 212/247-4777 ⊕ www.radiocity.com

Town Hall
Historischer Veranstaltungsort für Jazz, Rock & Co.
✛ 198 C2 ✉ 123 West 43rd Street ☎ 212/997-6661 ⊕ http://thetownhall.org

COMEDY UND KABARETT

54 Below
Eine steile Treppe führt hinab, und schon fühlt man sich wie in einer anderen Welt.
✛ 198 C3 ✉ 254 West 54th Street ☎ 646/476-3551 ⊕ www.54below.com

Don't Tell Mama
Geselliger Club mit Pianobar und drei kleinen Kabaretts.
✛ 198 B3 ✉ 343 West 46th Street ☎ 212/757-0788 ⊕ www.donttellmamanyc.com

FILM

AMC Loews Kips Bay 15
Wer den Trubel am Times Square meiden, aber nicht auf IMAX-Filme sowie die neuesten Kassenschlager verzichten möchte, sollte in den Osten von Midtown fahren.
✛ 197 F4 ✉ 570 Second Ave, Ecke 31st Avenue ☎ 212/447-0638 ⊕ www.amctheatres.com

AMC Loews 34th Street 14
Im Westen wartet ein weiteres AMC.
✛ 198 B1 ✉ 312 W. 34th Street ☎ 212/244-4556

Blick von der Besucherterrasse des Top of
the Rock über den Central Park hinweg in
nördlicher Richtung.

Uptown und
Central Park

Upper Manhattan – kurz:
Uptown – ist der nördliche
Teil Manhattans mit der gro-
ßen grünen Lunge der Stadt.

Seite 68–101

Erste Orientierung

Im 19. Jh. breiteten sich die Wohnsitze der reichen New Yorker weiter in Richtung Norden aus. Damals entstand der Central Park als grüne Lunge.

Uptown beginnt an der 59th Street. Museen und schicke Läden sind die Hauptattraktionen der Upper East Side; Theater, Oper, Konzerte und weitere Geschäfte locken auf der Upper West Side. An der Westseite des Central Park wird die 8th Avenue zur Central Park West, während auf der östlichen Seite die 5th Avenue ihren Namen behält. Die Upper West Side ist lebhafter als ihr östliches Gegenüber, die Geschäfte sind flotter, das Nachtleben ist abenteuerlicher. Aber die Architektur ist auf beiden Seiten des Central Park sehenswert, und das Grün dazwischen mindestens ebenso attraktiv.

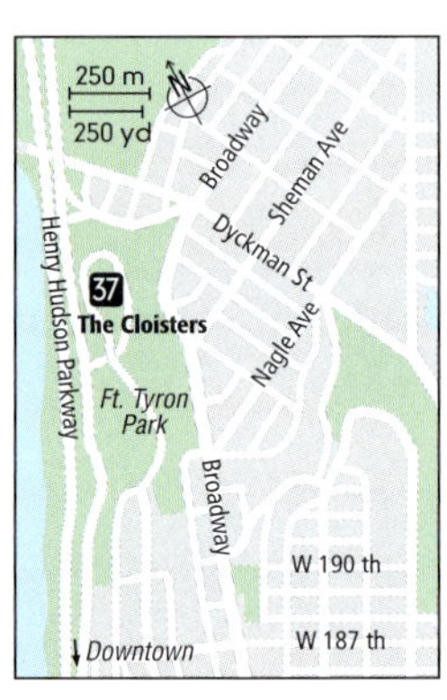

TOP 10

5 ★★ Central Park
6 ★★ Metropolitan Museum of Art
8 ★★ Guggenheim Museum

Nicht verpassen!

23 American Museum of Natural History

Nach Lust und Laune!

24 5th Avenue Residences and Clubs
25 Frick Collection
26 Museum of the City of New York
27 Madison Avenue
28 Neue Galerie
29 Park Avenue
30 East River Promenade
31 Time Warner Center
32 Lincoln Center
33 Dakota Apartments
34 Riverside Park
35 Cathedral Church of St. John the Divine
36 Harlem
37 The Cloisters

The Cloisters
37
Harlem
36
King Jr. Blvd (West 125th St)
Broadway
Amsterdam Avenue
Columbia University
Henry Hudson Parkway
Riverside Park
34
Cathedral Church of St. John the Divine
35
Manhattan Avenue
Harlem Meer
East 110th St
Park Ave
Lexington Ave
Second Avenue
Hudson River
Museum of the City of New York
26
East 102nd St
Central Park
5
St. Nocolas Russian Orthodox Cathedral
East 96th St
West 100th St
Park West Village
West 96th St
Broadway
West End Avenue
Amsterdam Avenue
Columbus Avenue
Central Park West
Fifth Avenue
Madison Avenue
Kennedy Reservoir
Lexington Ave
Second Avenue
First Avenue
East River
Riverside Park
34
Guggenheim Museum
8
East 88th St
York Avenue
East River Promenade
30
Neue Galerie
28
Poe St (West 84th St)
East 84th St
Metropolitan Museum of Art
Park Avenue
29
American Museum of Natural History
6
23
West 78th St
5th Avenue Residences and Clubs
24
East 80th St
West 74th St
East 76th St
East 74th St
Dakota Apartments
33
Frick Collection
25
East 70th St
Lincoln Towers
West 66th St
Madison Avenue
27
East 66th St
Second Avenue
Broadway
Lincoln Center
32
Henry Hudson Parkway
Time Warner Center
31
500 m
500 yd

Mein Tag
im Park – rund um New Yorks grüne Lunge

Manhattan ohne seinen wunderschönen Central Park? Unvorstellbar! Widmen Sie einen Tag dem langen Rechteck und seinen umliegenden Spots – und Sie werden verstehen, warum die Locals jede Gelegenheit nutzen, hier Frischluft zu tanken.

7.30 Uhr: Frühsport in Citymanier

Schnappen Sie sich Ihre Sportschuhe und walken oder joggen Sie auf der Rundstrecke um das Jacqueline Kennedy Onassis Reservoir (zwischen 86th und 96th Street) einfach los – so wie Tausende New Yorker das jeden Tag machen. Oder trauen Sie sich gleich die volle, etwa 10 Kilometer lange Runde rund um den ❺ ✶✶ Central Park zu? Die Anstiege oberhalb der 98th Street sind aber ganz schön heftig. So oder so jedoch sind die Ausblicke auf die Skyline von Manhattan hier schlicht spektakulär.

9.30 Uhr: Jetzt erst mal eine Stärkung für den Tag

Hunger? Dann im Westen den Park auf Höhe 85th Street in Richtung Columbus Avenue verlassen. Mit freiem Kopf und leerem Magen lassen sich die bei Good enough to eat (520 Columbus Avenue Ecke 85th Street) angebotenen Frühstücksgerichte (Apfel-Pancakes, Country-Omelette oder Mexikanisches Rührei) besonders gut genießen.

Henry Hudson Parkway
Park Ave
East River
7.30 Uhr: Frühsport in Citymanier
11.30 Uhr: Hoch im Norden
Charles A. Dana Discovery Center
11.30 Uhr
Harlem Meer
East 110th St
Manhattan Avenue
Central Park West
Broadw
Fifth Avenue
Madison Avenue
East 102nd St
29
West 100th St
5
Start
7.30 Uhr
East 96th St
.30 Uhr: Eine tärkung für den ag
West 96th St
11 Uhr
Amsterdam Avenue
Columbus Avenue
West End Avenue
Jacqueline Kennedy Onassis Reservoir
Lexington A
Second Avenue
First Avenue
York Avenue
13 Uhr
East 88th St
9.30 Uhr
28 Neue Galerie
Good enough to eat
Poe St (West 84th St)
Cleopatra's Needle
14.30 Uhr
13 Uhr: Müde vom Laufen?
West 78th St
16 Uhr
Boathouse
West 74th St
Ende
17.30 Uhr
Great Mall
16 Uhr: Happy Hour
West 66th St
Broadway
17.30 Uhr: Literarischer Ausklang
Henry Hudson Parkway
500 m
500 yd

Oben: New Yorker nutzen den Great Lawn im Süden des Parks gern für einen Plausch.
Rechts: Happy Hour in New Yorks grüner Lunge mit Seeblick vom Garten des Boathouse.

11 Uhr: Sind Sie ein East- oder ein West-Sider?

Während Sie im Schlenderschritt zurück in den Park gehen, lassen Sie die monumentale Architektur der Upper West Side auf sich wirken. Hier geht es wesentlich lebhafter zu als auf gleicher Höhe im Osten, wo sich in den Villen am Park vor allem Botschaften, Galerien und Museen angesiedelt haben – was auch seinen Reiz hat, wie Sie später sehen werden.

11.30 Uhr: Hoch im Norden

Beginnen Sie Ihre Nord-Entdeckung des Parks am Eingang der 86th Street: Auf verwinkelten Pfaden geht es, an Spielplätzen und Sportfeldern vorbei, immer weiter bergauf. Gönnen Sie sich am malerischen See Höhe 103rd Street eine Pause auf einer Bank. Dann können Sie langsam den Weg Richtung Osten einschlagen, vorbei am viktorianischen Charles A. Dana Discovery Center (110th Street, Ecke Lenox Avenue; tägl. 10–17 Uhr) in Richtung der riesigen Steinblöcke des Harlem Meer (»meer«: holländisch für »kleine See«). Die Landschaft rund um das Harlem Meer wird neu gestaltet. Wenn Sie sich dem südlichen Ende des Teichs nähern, gehen Sie nach links Richtung 5th Avenue.

13 Uhr: Müde vom Laufen?

Steigen Sie an der 110th Street in den Bus M1 (oder M2–4; 29 Park Ave.) Richtung Downtown bis zur 28 Neuen Galerie Höhe 86th Street (1048 5th Ave). Im weißen Bau

hängt u. a. Gustav Klimts »Adele Bloch-Bauer I«. Aber jetzt erst mal Lunch! Lassen Sie sich im Café Sabarsky eine Gulaschsuppe und einen großen Braunen schmecken.

14.30 Uhr: Zurück in den Park

Nehmen Sie den Eingang Ecke 79th Street in den Park, dann geht's nach rechts (Richtung Norden) zu Cleopatra's Needle. Genießen Sie die beste Aussicht über den Central Park vom Turm des Belvedere Castle, das in der Nähe auf einem Hügel thront. Mit etwas Glück können Sie Waschbären im Teich zuschauen. Oder, wenn Ihr Biorhythmus es verlangt: Wie wär's mit einem kleinen Nickerchen auf der großen Liegewiese, dem Great Lawn?

16 Uhr: Happy Hour!

Sichern Sie sich einen Platz mit Seeblick im Garten des Boathouse, bevor die Geschäftsleute in einer Stunde für Schlangen sorgen. Ein schöner Zeitvertreib ist es, die verliebten Pärchen beim Navigieren der kleinen Boote zu beobachten – oder leihen Sie selbst eines aus.

17.30 Uhr: Literarischer Ausklang

Bevor Sie sich wieder in das pralle New Yorker Chaos außerhalb des Parks stürzen, lassen Sie sich vom Freizeittreiben rund um die Bethesda Terrace and Fountain mitreißen. Der schönste Weg zum Südende führt durch die Allee der Great Mall, die weiter unten mit Dichterstatuen zum Poet's Walk wird.

❺ ★★ Central Park

Warum?	Weil das Chaos hier plötzlich stillsteht
Wer?	An Sonnentagen treffen Sie am Great Lawn gefühlt die ganze Stadt
Was?	Radeln, schwimmen, eislaufen, abhängen, klettern – die Liste ist lang
Wann & wie?	Sehr schön im Sommer für Klassik-Konzerte, ausgestattet mit Picknick und Wein (nur dann darf man öffentlich trinken)
Wohin?	Gute Frage! Jeder entdeckt seine ganz eigene Lieblingsstelle für sich – auf geradezu magische Weise …

Blick über den Central Park hinweg in Richtung Süden: Nichts an dem künstlich angelegten Park ist natürlich, aber alles wirkt auf eine ganz natürliche Weise schön.

Es gibt Zeiten, da scheint der fantastische Park einer der zauberhaftesten Orte der Welt zu sein: bei einer Open-Air-Vorstellung unter Sternen etwa, beim Anblick seiner glitzernden Pracht nach einem Schneesturm oder bei einem Spaziergang durch das rote Herbstlaub …

Mit dem Central Park, der ab dem Jahr 1858 entstand, erfüllte sich ein lebenslanger Traum des Landschaftsarchitekten Frederick Law Olmsted und seines Partners Calvert Vaux. Gemeinsam schufen sie eine grüne Lunge inmitten der unaufhörlich wachsenden Megametropole.

Kommen Sie mit einem Buch und einer Decke oder machen Sie es sich auf einer der über 9000 Parkbänke bequem (wenn Ihnen eine ganz besonders am Herzen liegt: Man kann die Bänke »adoptieren« und erhält dann eine schicke Namensplakette). Der Park ist mit seinen versteckten Ecken und ruhigen Nischen eine Oase für New Yorker aller Schichten und Altersklassen. Neben Statuen großer Persönlichkeiten wie Columbus, Beethoven und Duke Ellington ist da noch der Shakespeare Garden auf Höhe der 79th Street. Die romantische Blumenvielfalt könnte vom Dichter höchstpersönlich stammen. Strawberry Fields (West Side, auf Höhe 72nd Street) gedenkt einem Künstler der Neuzeit: John Lennon. Yoko Ono, seine Witwe, spendete das Geld für die Pflanzen und den Unterhalt des Friedensgartens. Er ist in der Nähe des Dakota Building gelegen, wo das Künstlerpaar zuletzt zusammen wohnte (S. 93).

… für Sportfans und Naturexperten, …

Die sportverrückten New Yorker nutzen die großräumige Fläche auch als ihr ganz persönliches Fitnessstudio. Sie können mitjoggen oder sich eines der Citi Bikes ausleihen und mitradeln – die Hügel in Richtung Norden sind ein guter Extra-Work-out. Hartgesottene fahren bis zum großen öffentlichen Pool im Nordosten und schwimmen ein paar Runden im Freien. Im Winter verwandelt er sich in eine Eislaufbahn. Schulklassen bevölkern oft die Baseball- und Basketball-Plätze.

Die frühen Morgenstunden sind besonders magisch. Die einen laufen ihre Runden über Pfade und um Seen herum. Die anderen warten geduldig an The Ramble (Parkmitte, zwischen 74th und 79th Street), wohl wissend, dass die Anlage aus Grünfläche und Felsen direkt unter der Flugstrecke der Zugvögel von der Arktis in die Tropen liegt. Eine Fangemeinde haben die Adler der Stadt – allen voran Pale Male, der seit 1990 durch seinen exklusiven Geschmack bekannt ist, da

Strawberry Fields: Ein schwarz-weißes Mosaik mit dem schlichten Wort »Imagine« erinnert an eines der berühmtesten Lieder von John Lennon.

er sich ein schickes Gebäude an der 5th Avenue für sein Nest
aussuchte. Wenn Sie etwas später aus den Federn kommen:
Im Belvedere Castle können Sie kostenlose Kits mit Ferngläsern, Karten, einem Infobuch und Zeichenutensilien ausleihen. Das Belvedere beherbergt das Henry Luce Nature Observatory. Hier bekommen Sie Informationen über Fauna und
Flora im Park. Von der Spitze des Turms haben Sie eine 360-
Grad-Rundumsicht (Parkmitte, Höhe 79th Street).

... für Verliebte, Verlobte, Verheiratete ...

In den Anfangstagen des Central Parks ließen sich die reichen Damen und Herren in großen Kutschen über die Wege

Beeindruckende Dimensionen: Der Central Park erstreckt sich von der 59. bis zur 110. Straße sowie zwischen der 5. und der 8. Avenue.

fahren – und siehe da, das können auch Sie noch heute tun!
Die großen Gefährte werden von stämmigen Pferden in gemütlichem Tempo über den Asphalt gezogen, das Hufgetrappel ist ein ständiger Begleiter der Szenerie. Verhandeln
Sie den Preis, bevor es losgeht – unter 80 Dollar werden Sie
aber kaum kommen. Die meisten Kutscher machen den Job
seit vielen Jahren und erzählen amüsante Stadtgeschichten –
etwa dass die Allee zwischen The Dairy und Bethesda Terrace
im 19. Jh. ein beliebter Ort zum Flanieren war: der einzige

Ort der Stadt, an dem sich junge Männer und Frauen ohne Aufsicht treffen konnten.

An der Bethesda Terrace and Fountain kann es übrigens gut sein, dass Sie Zeuge eines Heiratsantrags werden. Die Geiger, die unter den Torbögen an der großen Treppe spielen, sind dabei oftmals schon vorher eingeweiht und stimmen im richtigen Moment ein romantisches Liebeslied an.

Am Wochenende sehen Sie an gleicher Stelle viele Fotoshoots frisch Verheirateter. Der Brunnen sowie der See vor dem Boathouse mit seiner weißen Brücke sind ebenso beliebte Fotospots wie das Märchenschloss Belvedere Castle auf der Spitze des Vista Rock. Und wenn Sie eine Extrapor-

Der Central Park ist zeitweiliger oder ständiger Lebensraum für ein Drittel aller in den USA vorkommenden größeren Vogelarten.

tion Romantik möchten: Ein singender Gondoliere schippert Verliebte über den See vor dem Boathouse.

... und natürlich für Kids!

Ein Park ist generell ein Kinder-Wunderland, und der Central Park mit seinen vielseitigen Ecken ist für die kleinen New Yorker der größte Spielplatz der Stadt. Wenn Sie selbst mit Familie da sind: Erste aufregende Anlaufstelle ist der Central Park Wildlife Zoo!

Der Zoo mit seiner überschaubaren Größe und den realistisch gestalteten Lebensräumen ist eine kleine Oase für Tiere und Besucher. Neben Schneeleoparden, Pinguinen und Eisbären gibt es auch einen Streichelzoo (südlich der East 65th Street, 19,95 $, Kinder 14,95 $, unter 3 Jahre frei; https://centralparkzoo.com). Der Wollman Rink (Nähe 63rd Street) bietet mit einem Vergnügungspark (Schlittschuh- und Rollschuhverleih vorhanden) gutes Entertainment für die Kleinen. Ein besonderes Highlight ist das Swedish Cottage Marionette Theatre (Höhe 79th Street im Westen; https://cityparksfoundation.org, unter: »Shows«) mit Klassikern wie »Peter Pan«. Bei Kindern wie Erwachsenen beliebt sind die Kletterfelsen: Die besten Locations sind am Worthless Boulder (Nähe 110th Street) der Cat Rock (Nähe Wollman Rink) sowie der Rat Rock (Nähe der Heckscher Ballfields). Letzterer eignet sich am besten für Anfänger.

KLEINE PAUSE

Im **Dancing Crane Cafe** (beim Wildlife Center, Höhe 64th St. und im **Boathouse Express** (Parkmitte, Nähe 74th St.; www.thecentralparkboathouse.com) gibt es einen Imbiss.

Ob zur kleinen Pause zwischendurch oder zum Ausklang nach einem schönen Tag im Park: Das Boathouse ist immer eine gute Adresse.

 ✈ 200/201 B1–E5 ✉ begrenzt von der 59th Street (Central Park South), Central Park West, 110th Street (Central Park North) und der 5th Avenue ☎ 212/310-6600 ⊕ www.central parknyc.org ◷ 6–1 Uhr ⊘ Dancing Crane Café ($); Boathouse Express ($); Boathouse Restaurant ($$–$$$) ⊗ West Side (verschiedene Haltestellen an Central Park West; A, B, C, D); 1, 2 (bis Columbus Circle); East Side (5th Avenue/59th Street; N, Q, R) ⊗ M1–4 (East Side); M66, M72, M79, M86, M96, M 106 (Busse fahren durch den Park); M10 (West Side)

❻ ★★ Metropolitan Museum of Art

Was?	Über drei Millionen Kunstwerke – Kulturschock garantiert!
Warum?	Nirgendwo sonst werden Sie sich kulturell so überfordert fühlen – auf die bestmögliche Art, versteht sich
Wie lange?	Wählen Sie Ihre Lieblingsepoche und verschwinden Sie für ein paar Stunden aus der äußeren Welt
Wann nicht?	Regentage besser meiden – dann ist es rappelvoll
Was nehme ich mit?	Ein Gefühl für die New Yorker Verrücktheit: Immerhin wurde ein ganzer ägyptischer Tempel ins Met verschifft
Was noch?	Vergessen Sie nicht die Cloisters! Deren Ausstellung mittelalterlicher und kirchlicher Kunst ist im Eintritt inbegriffen

Die »New York Times« hat das Metropolitan Museum of Art (Met) mal als »eines der größten Wunder des 21. Jahrhunderts« bezeichnet – wohl zu Recht.

Im ersten Moment werden Sie von der Fülle überwältigt sein: Es ist unmöglich, die ganze Sammlung an einem oder an zwei Tagen zu sehen. Gehen Sie es locker an: »Filtern« Sie nach Ihren persönlichen Kunstvorlieben, werfen Sie aber unbedingt einen Blick auf den ägyptischen Tempel von Dendur (rechts vom Eingang) und schlendern Sie durch einen der Skulpturenhöfe. Dann machen Sie vielleicht noch einen geführten Rundgang, um einen bestimmten Künstler oder eine Periode besser kennenzulernen. Und besuchen Sie zwischendurch mal das Café, um den Kopf wieder für neue Eindrücke freizubekommen.

Begonnen hat alles mit einem antiken Sarg: Der Garland-Sarkophag aus Prokonnesos war der erste Ankauf des Metropolitan Museum of Art.

Von bescheidenen Anfängen …

Die Gründung des Museums im Jahr 1870 geht zurück auf eine private Initiative einiger Bürger, die die Zeit für gekommen hielten, den Einwohnern New Yorks (damals fast eine Million) ein Kunstmuseum zu schaffen. Seinen ersten Sitz hatte das Metropolitan Museum of Art in der West 14th Street, dem damaligen Stadtzentrum. Kurze Zeit später stellte die Stadt am Ostrand des neu geschaffenen Central Park ein Grundstück zur Verfügung. Calvert Vaux, der auch an der

Das Metropolitan Museum of Art gehört heute zu den bedeutendsten Museen der Welt. Im Uhrzeigersinn von unten links: die Stufen vor dem Haupteingang, der (auch Wechselausstellungen Platz bietende) Dachgarten und die Sammlung moderner bzw. zeitgenössischer Kunst mit Chuck Close' »Mark«, einer unbetitelten Skulptur von Joel Shapiro und Maoporträt von Andy Warhol.

Gestaltung des Parks maßgeblich beteiligt war, errichtete 1880 einen roten Backsteinbau. Der jetzige Hauptbau an der 5th Avenue folgte 1879 bis 1898. Die auf einer Ausstellungsfläche von 186 000 m² präsentierten Werke aus 5000 Jahren werden jährlich von um die 5,2 Millionen Besuchern bestaunt.

Fühlen Sie sich wie ein römischer Kaiser!

Im Parterre lässt Cäsar grüßen: Römische und griechische Kunst weitet sich über zwei Stockwerke aus. Viele der Statuen sollten einst antike Gärten füllen, um Freude und Komfort zu schaffen – Sie werden beim Rundgang ähnliche Glücksgefühle erleben. Nehmen Sie auf einer Bank in der Nähe des Brunnens Platz, sitzen Sie gleich bei den drei Grazien – die Schönheit, Fröhlichkeit und Fülle verkörpern. In der Nähe: Das Zwischengeschoss über dem Skulpturenhof beherbergt einen etruskischen Wagen, der im Jahr 1902 auf einem Bauernacker ausgegraben wurde. Die Statue eines Kouros (Jüngling) gehört zu den subtilsten Schönheiten im Museum.

Oder lieber wie eine ägyptische Pharaonin?

Für den Tempel von Dendur, der im Jahr 15 v. Chr. im Auftrag des römischen Kaisers Augustus erbaut wurde, ließ man eigens einen Extraflügel anfertigen. Die noch erstaunlich gut erhaltenen, 4000 Jahre alten hölzernen Figuren in Galerie 4, die aus dem Grab einer hochrangigen Persönlichkeit stammen, vermitteln ein eindrückliches Bild vom Alltagsleben im damaligen Ägypten.

Sie suchen nach dem Zen-Moment?

Gönnen Sie sich nun doch ein paar ruhigere Momente mitten unter Buddhas. Die bevölkern nämlich in jeglicher Gestalt die Abteilung der Asiatischen Kunst. Ungewöhnlich sind einige Figuren aus Kambodscha und Thailand in der südostasiatischen Abteilung. Ein Anbau im dritten Stock birgt Kunstwerke aus Tibet und Nepal, darunter den sinnlichen Stehenden Maitreya. Der – etagenhohe – Stehende Bodhisattva in der Arthur M. Sackler Gallery überragt dabei alles. Hier befindet sich auch ein 15 Meter langes Wandgemälde aus dem 14. Jh., das die Lehren Buddhas illustriert.

Wo sonst kann man an einem Tag das Innere eines ägyptischen Grabmals, eine komplette japanische Rüstung und ein Zimmer mit Renaissance-Gemälden sehen?

Bei Heimweh nach Europa

Biegen Sie am besten in Richtung Europäische Bildhauerei und Kunsthandwerk ab: Gian Lorenzo Berninis »Kinder« necken einen Faun, und der flämische Gobelin »Die zwölf Alter des Menschen« zählen zu den Highlights dieser Abteilung. Die Wrightsman Galleries beherbergen den Grand Salon des Hôtel de Tessé, ein Beispiel für den pompösen Stil Ludwigs XVI., und Zimmerausstattungen aus verschiedenen europäischen Stilrichtungen. Aber auch die Moderne ist vertreten. Im ersten Stock hängen Meisterwerke von Matisse und

Kandinsky, im zweiten Stock finden Sie u. a. Picassos Porträt der Gertrude Stein (über das er einmal sagte, die Porträtierte werde seinem Porträt immer ähnlicher). Gemälde von Künstlern wie Claude Monet, Jean Renoir, Paul Cézanne und Vincent van Gogh hängen in den Annenberg Galleries.

Oder bleiben Sie doch einfach in den USA!

Der Amerikanische Flügel ermöglicht Ihnen mit Gemälden von Winslow Homer, John Singer Sargent, Thomas Cole, Mary Cassatt und Thomas Eakins ein neues Kunstverständnis des Landes. Verpassen Sie nicht das von Frank Lloyd Wright gestaltete Wohnzimmer (»Living Room from the Francis W. Little House«) im Erdgeschoss.

Wie andere Museen New Yorks hat sich auch das Metropolitan Museum unter seinem aus Österreich stammenden Direktor Max Hollein in den letzten Jahren der Kritik gestellt, zu sehr auf »weiße« europäische Kunst und Kultur fixiert zu sein. Nun gibt es immer mehr Ausstellungen und Exponate schwarzer, afrikanischer und indigener Kunst, wie zum Beispiel den afrofuturistischen Period Room und das Wandgemälde von Kent Monkman in der Haupthalle, eines kanadischen First-Nations-Künstlers.

Ablenkung, bitte!

Eine schöne Einstimmung auf das Wochenende sind die klassischen Konzerte freitags und samstags abends auf dem Great Hall Balcony. Perfekt für eine Happy Hour ist der romantische Dachgarten, der im Sommer mit jährlich wechselnden modernen Installationen begeistert. Gönnen Sie sich einen Cocktail und lassen Sie den Blick von hier oben schweifen.

KLEINE PAUSE

In der **Cafeteria** des Museums und im **American Wing Café** werden Sandwiches und Vorspeisen serviert. Sehr schick ist das Restaurant **Petrie Court Café.**

⌖ 201 D2 ✉ 1000 5th Avenue, Ecke East 82nd Street ☎ 212/535-7710 ⊕ www.metmuseum.org ◐ So–Do 10–17.30, Fr/Sa 10–21 Uhr; Dachgarten: Mai–Herbst, je nach Wetter ✦ 25 $, empfohlen; Eintrittskarte gilt am selben Tag auch für The Cloisters (S. 94); ⑂ Cafeteria ($); Café und Bar ($); Restaurant ($$); ⊠ 86th Street (4, 5, 6) ⊟ M1–4, M79

❽ ★★ Guggenheim Museum

Was?	Ein Schneckenhaus voller Kunst
Warum?	Weil es einer der wenigen Plätze in New York ist, an dem man nicht anecken kann
Wie lang?	Ein bis zwei Stunden reichen, um keinen Drehwurm zu bekommen
Wie hip?	Sehr! Vor allem am ersten Freitag im Monat, dann legt von 21 bis 23 Uhr ein DJ auf

Das Guggenheim Museum ist die Krönung der Karriere des Architekten Frank Lloyd Wright (1869–1959). Zudem gehört die Sammlung moderner und zeitgenössischer Kunst zum Besten, was New York zu bieten hat.

In Auftrag gegeben wurde das Museum vom Montanindustriellen Solomon R. Guggenheim (1861–1949), dessen Familie 1848 aus der Schweiz in die USA eingewandert war.

Im Jahr 1943 lagen die ersten Pläne vor, aber dann vergingen noch 14 Jahre, bis allen Auflagen der städtischen Behörden Genüge geleistet und im Jahr 1957 tatsächlich mit dem Bau begonnen werden konnte. Weder Wright – er starb sechs Monate vor der Vollendung des Museums im Jahr 1959 – noch Guggenheim erlebten die Eröffnung des Museums, das sich Frank Lloyd Wright als »Tempel des Geistes« vorgestellt hatte.

Die Sammlung

Mehr als 8000 Gemälde und Skulpturen umfasst die einen Bogen vom Impressionismus (mit Camille Pissarro als ältestem Guggenheim-Künstler) bis zur Pop-Art spannende Sammlung.

In einer wechselnden Auswahl daraus werden jeweils etwa 350 Meisterwerke im Museum gezeigt. Der Aufgang in der Rotunde, dem Herzstück des Museums, ist jedoch jeweils nur einer Ausstellung gewidmet. Kürzlich war eine Werkschau zu Wassily Kandinsky

Architektur-Ikone: Manche halten Frank Lloyd Wrights Rotunde für das größte Exponat der Sammlung.

Frank Lloyd Wright löste sich von der Saal-
gliederung herkömmlicher Museen und schuf
einen zylindrischen Innenraum mit einer sich
konisch nach oben weitenden Rampenspirale.

zu sehen, 2022/23 wurde hier der US-amerikanische Künstler
Alex Katz mit einer großen Ausstellung »Gathering« geehrt.
Er war 1927 in Brooklyn geboren worden.

KLEINE PAUSE
Vom **Café 3** im dritten Stock blickt man auf die 5th Avenue
und den Central Park. Hier bekommen Sie Sandwiches,
Gebäck, Kaffee, Tee, Wein und Bier. Im **The Write** serviert
man Ihnen ein komplettes Mittagsmenü.

 ✛ 201 D2 ✉ 1071 5th Avenue,
Ecke East 89th Street
☎ 212/423-3500
🌐 www.guggenheim.org

🕐 So–Mi, Fr 10–17.45,
Sa 10–19.45 Uhr 🎫 25 $
🍴 Café 3 ($)
🚇 86th Street (4, 5, 6) 🚌 M1–4

㉓ American Museum of Natural History

Was?	Sehenswertes vom tiefsten Weltmeer bis zum Universum
Wie filmreif?	Sehr: Von »Der Teufel trägt Prada« bis zu »Nachts im Museum« – Hollywood lässt grüßen!
Wie groß?	Riesig. Insgesamt verbindet der Komplex 28 Gebäude auf einer Fläche von 186 000 Qudratmetern
Was noch?	An Thanksgiving werden vor dem Museum die großen Ballons aufgeblasen – ein Highlight

Im Jahr 1874 legte US-Präsident Ulysses S. Grant den ersten Grundstein – heute gehört das American Museum of Natural History zu den ältesten und größten naturgeschichtlichen Museen der Welt. Und mit mehr als 35 Millionen Exponaten zu den beeindruckendsten!

Gegründet wurde das Museum bereits am 6. April 1869 – ab dem Jahr 1874 ging es mit dem Bau an der 77th Street los. Calvert Vaux und Jacob Wrey Mould entwarfen das Gebäude im Monumentalstil römischer Triumphbauten. Im Jahr 1877 öffnete das Museum of Natural History schließlich seine Türen.

Zum Museum gehört auch das stylishe Rose Center for Earth and Space.

Die Sammlung

Am beeindruckendsten sind die Exponate, die das Leben und Schicksal der Dinosaurier zeigen. Ihre riesigen Skelette ziehen sofort die Aufmerksamkeit auf sich, aber es gibt auch ein versteinertes Ei zu sehen, in dem sich noch ein Embryo befindet. Weitere Schwerpunkte der Sammlungen sind die Edelstein- und Mineraliensammlung, die Säugetiere, das Hightech-Museum, das IMAX-Theater und die Weltraumshows im Hayden Planetarium des Rose Center. Wenn Sie wenig Zeit

haben: Beginnen Sie im dritten Stock bei den Dinos und erkunden Sie anschließend im Erdgeschoss die Meteoriten, Edelsteine und Mineralien.

Nicht versäumen sollten Sie die Besichtigung der Relikte der indigenen Haida von der Nordwestküste. Dazu gehört beispielsweise etwa ein rund 19 Meter langes Zedernkanu.

Nachts im Museum

Das Museum bietet Workshops wie »Adventure in Science« oder Global Weekends für die ganze Familie. Beliebt (und schnell ausgebucht) sind die AMNH-Sleepovers, bei denen die Kids nachts mit Taschenlampen durchs Museum wan-

Das Museum besitzt die weltgrößte Sammlung von Saurierskeletten. Besonders attraktiv sind die riesigen Skelette des Tyrannosaurus Rex und eines Apatosaurus.

dern. Geschlafen wird unter dem fast 30 Meter langen Blauwal, günstig ist das Abenteuer mit 145 $ leider nicht.

KLEINE PAUSE

Frische Energie tanken können die Besucher im **Cafe on One.** Das Restaurant im ersten Stock versorgt einen mit Sandwiches, Salaten, Desserts, Kaffee und einer kleinen Auszeit, ehe man sich wieder ins Museumstreiben stürzt.

✠ 200 B2 ✉ Central Park West, Ecke West 79th Street ☎ 212/769-5100 ⊕ www.amnh.org ◑ tägl. 10–17.45 Uhr; geschl. Thanksgiving und 25. Dez. ✈ 23 $, empfohlen   ⑂ Museum Food Court ($); Café on One ($); Café on 4 ($)   🚇 81st Street (B, C) 🚌 M10, M79

Nach Lust und Laune!

24 5th Avenue Residences and Clubs

Die meisten ehemaligen Villen und Stadthäuser nördlich des Plaza Hotels auf der früheren »Millionärsmeile« wurden durch Apartmenthäuser ersetzt. Was geblieben ist, wird heute als Schule, Konsulat oder Stiftungshauptquartier genutzt. Sehenswerte Gebäude sind der Metropolitan Club im italienischen Stil (East 60th Street 1), der Knickerbocker Club im Stil des Neoklassizismus (East 62nd Street 2), der neoklassizistische Commonwealth Fund (1 East 75th Street) und das Beaux-Arts-Haus der American Irish Historical Society (991 5th Avenue). Auch von innen betrachten können Sie das Herrenhaus, in dem die Neue Galerie ihren Sitz hat (www.neuegalerie.org; S. 91).

✝ 201 D1 ✉ zwischen East 59th und East 110th Street 🚇 div. Haltestellen (4, 5, 6, N, Q, R) 🚌 M1–4, M66, M72, M79, M86, M96

25 Frick Collection

Der Stahlbaron Henry Clay Frick war beim Kunstsammeln ebenso verschroben wie im Leben; die in seinem pompösen Stadthaus mit gründlich restaurierter East Gallery untergebrachte Sammlung umfasst Werke von Tizian, El Greco,

Treppenaufgang in der Frick Collection

Fragonard, Fra Filippo Lippi, Turner, Corot, Vermeer, Rembrandt und Gainsborough. Als Bonus erhält man einen Einblick in das Leben der reichen New Yorker. Es scheint, als sei der Bewohner nur mal eben ausgeflogen. Kein Eintritt für Kinder unter zehn Jahren.

Derzeit wird die Frick Collection von der deutschen Architektin Annabelle Selldorf aufwendig erneuert und umgebaut. Bis das Haupthaus wiedereröffnet (siehe Website), ist die Sammlung im ehemaligen Haupthaus des Whitney Museum an der Madison Avenue zu sehen. Beim Besuch ist der Kontrast zwischen dem brutalistischen Betonbau von Marcel Breuer und den oft romantischen Werken der Frick Collection spannend zu erleben.

✝ 199 E4 ✉ 1 East 70th Street/ Frick Madison, 945 Madison Ave ☎ 212/288-07 00 🌐 www.frick.org ◐ Do-So 10-18 Uhr; geschl. 4. Juli, Thanksgiving, 25. Dez. 🎟 22 $ (Mi 14-18 Uhr »pay what you wish«) 🚇 68th Street (6) 🚌 M1–4; M72

26 Museum of the City of New York

Etwas abseits im Norden liegt diese Fundgrube für Geschichtsinteressierte: von historischen Dokumenten über Spielzeug bis hin zu Kostümen jeder Art. Für 400 Jahre New Yorker Geschichte schauen Sie sich »Timescapes« an, eine 25-minütige Multimedia-Präsentation, die die Entwicklung der Stadt von der kleinen Siedlung zur Weltmetropole nachzeichnet. Es gibt aber auch spannende Ausstellungen zur jüngeren Geschichte wie zuletzt eine Ausstellung zur Musikkultur der 1980er-Jahre (mit Vorträgen und Veranstaltungen). El Museo del Barrio (www.elmuseo.org) ist direkt nebenan und informiert über das benachbarte Spanish Harlem; der Conservatory Garden liegt gegenüber. Seit das Chalsty's Café aus dem Keller auf die Marmorempore gezogen ist, ist die Pause noch netter.

✛ 201 E4 ✉ 1220 5th, East 103rd Street ☎ 212/534-1672; ⊕ www.mcny.org ◑ tägl. 10–18 Uhr ⬥ 18 $, empfohlen ◪ 103 Street (6) ◻ M1–4

27 Madison Avenue

Modeschöpfer, Antiquitätenhändler und andere Anbieter kostspieliger Waren zahlen die höchsten Mieten der Welt für Verkaufsflächen in der Madison Avenue zwischen 59th und 72nd Street. Beim Schaufensterbummel sehen Sie vielleicht Ihren Lieblingsstar im Laden eines Top-designers verschwinden. Sehenswert ist die minimalistisch im Stil der 1960er-Jahre gestylte Boutique Giorgio Armanis (760 Madison Avenue, Ecke East 65th Street). An der nächsten Straßenecke sollte man einen Blick nach oben riskieren zum neogotischen Apartmenthaus an der 45 East 66th Street. Nördlich der 70th Street finden Sie exklusive Antiquitätenläden, Galerien, Boutiquen.

✛ 199 E4 ✉ zwischen East 59th und East 72nd Street ◪ Lexington Avenue/59th Street (4, 5, 6, N, Q, R); 68th Street (6) ◻ M1–4, M66, M72

28 Neue Galerie

Ronald Lauder, Erbe des Kosmetik-Imperiums Estée Lauder, hat über die Jahrzehnte die wohl bedeutendste Sammlung deutscher und österreichischer Kunst des frühen 20. Jh.s zusammengetragen. Für die Werke des Expressionismus und der Wiener Secession (Egon Schiele, Otto Dix u. a.) fand er im Jahr 2001 mit der Beaux-Arts-Villa des Industriellen William Starr an der Fifth Avenue die perfekte Heimat. Prunkstück ist die »Goldene Adele« von Gustav Klimt, für die Ron Lauder 135 Mio. Dollar bezahlte – damals das teuerste Gemälde aller Zeiten.

✛ 201 D2 ✉ 1048 Fifth Avenue, 86th Street ☎ 212/994-9493 ⊕ www.neuegalerie.org ◑ Do–Mo 11–18 Uhr ⬥ 25 $ ◪ 86th Street (4, 5, 6) ◻ M1–4

29 Park Avenue

Spaziergang an der Upper West Side

Ein breiter Mittelstreifen, oft durchbrochen von üppigen Blumenrabatten, trennt die West- und Ostseite einer der prächtigsten Straßen New Yorks. Sie wird von vielen Ziegelbauten aus dem frühen 20. Jh. gesäumt. Die einstige 4th Avenue war im 19. Jh. ein rußgeschwärzter Korridor für die Züge zum Grand Central Depot. Die Eröffnung des Grand Central Terminal 1913 beschleunigte die Entwicklung nördlich der 42nd Street. Mit dem Anstieg der Immobilienpreise wurden viele Stadthäuser und Villen aufgegeben. Man zog in riesige Apartments, die weiterhin zu den teuersten der Stadt gehören.

⊕ 201 E2 ✉ zwischen 59th und 96th Street ⊠ 6 local; 4, 5 an der 59th und 86th Street; N, Q, R nur Ecke 5th Avenue/59th Street ⊟ M1–4, M66, M72, M79, M86, M96

30 East River Promenade

An einem schwülen Nachmittag, wenn es selbst im Central Park drückend heiß ist, macht eine kühle Brise vom Fluss den Spaziergang oberhalb des Franklin D. Roosevelt Drive angenehm. Es gibt genügend Bänke und einen schönen Blick auf Queens, mehrere Brücken und Inseln. Am Nordende des schattigen Carl Schurz Parks liegt Gracie Mansion, seit 1942 der offizielle Amtssitz des Bürgermeisters von New York.

⊕ 201 F1 ✉ von der 81st bis 90th Street, östlich der East End Avenue ⊠ 86th Street (4, 5, 6) ⊟ M15, M31, M79, M86

WEST SIDE

31 Time Warner Center

Über 100 Jahre lang war das Christopher Columbus Monument das Herzstück des Columbus Circle, heute lenkt hier das Time Warner Center als Tor zur Upper West Side die Aufmerksamkeit auf sich. Die unteren Stockwerke des Hauptsitzes des Mediengiganten beheimaten ein schickes Shoppingcenter und einige Jazzbühnen des Lincoln Center. Im Untergeschoss lassen sich Picknickzutaten für einen Besuch im Central Park einkaufen.

⊕ 198 C4 ✉ Columbus Circle, Ecke West 58th Street ⊠ 59-St-Columbus-Circle (A, B, C, D, 1) ⊟ M5, M7, M10, M20, M104

32 Lincoln Center

Nachdem sie 1961 als Kulisse für die Verfilmung des Bernstein-Musicals »West Side Story« gedient hatten, mussten über 500 Gebäude im Bezirk San Juan Hill dem Bau des Lincoln Center weichen. Anschließend zogen New Yorks bedeutendste Kulturgrößen wie die Metropolitan Opera, die Philharmonie und die berühmte Juilliard School for the Performing Arts hierher. Um seine 5 Mio. Besucher pro Jahr zufriedenzustellen, wird regelmäßig umgebaut – etwa für den unter der Leitung von Diller Scofidio + Renfro eröffneten modernen Komplex mit ruhigen Ecken wie dem Dach des Elinor Bunin Munroe Film Center. Es werden Touren mit verschiedenen Schwerpunkten durch die wichtigsten Räume des Centers angeboten.

✠ 200 A1 ✉ Broadway, zwischen West 62nd und West 66th Street ☎ 212/875-5456, Touren: -5350 ⊕ www.lincolncenter.org ⚓ Touren (25 $): zw. 11.30 und 15.30 Uhr ☗ 66th Street/Lincoln Center (1) ☒ M5, M7, M11, M104

33 Dakota Apartments

Edward S. Clark, der Präsident der Nähmaschinenfabrik Singer, machte sich zum Gespött der Leute, als er ein Apartmenthaus im damals noch kaum bewohnten Gebiet westlich des Central Parks erbauen ließ. Ein Freund scherzte, dass dieses vom Architekten Henry J. Hardenbergh geplante, 1884 fertiggestellte Ziegelgebäude mit seinen Türmchen so weit von der Zivilisation entfernt sei wie das Zentrum von Dakota. Also nannte Clark sein Haus »Dakota«. In den 85 Apartments wohnten und wohnen viele Berühmtheiten; die Künstlerin Yoko Ono lebt bis heute in dem Haus, vor dessen Eingang ihr Mann John Lennon 1980 ermordet wurde. Roman Polanskis Horrorfilm »Rosemary's Baby«, der im Dakota gedreht wurde, verstärkte den Mythos, es liege ein Fluch auf dem Haus.

✠ 200 B1 ✉ 1 West 72nd Street ☗ 72nd Street (B, C) ☒ M10

34 Riverside Park

Entdecken Sie den lang gezogenen Park mit seiner Aussicht auf den Hudson River per Citi Bike oder bei einem Spaziergang. Der Felshügel an der 83rd Street bekam seinen Namen, Mount Tom, von Edgar Allan Poe, der hier viel Zeit verbracht hat. Besonders schön ist es hier beim Sonnenuntergang.

✠ 200 B5 ✉ zwischen West 72nd und West 125th Street und West 135th und 155th Street ☗ mehrere Stationen (1, 2, 3) ☒ M5

(H)ort der schönen Musen: Lincoln Center

35 Cathedral Church of St. John the Divine

Wenn dieses Gotteshaus an der 112th Street einmal fertig ist, könnte es als die »größte Kathedrale der Welt« in die Geschichte der sakralen Baukunst eingehen. Am 27. Dezember 1892 wurde der Grundstein gelegt, aber bis heute ist die nach Plänen von Heins & La Farge im byzantinisch-romanischen Stil begonnene, ab 1911 von Cram & Ferguson im gotischen Stil weitergeführte Kirche nicht vollendet. Die Great Organ spielt mit ihren 8500 Pfeifen jeden Montag um 13 Uhr für Besucher. Im Inneren erinnert eine Wandplastik an den Musiker John Coltrane und ein Triptychon an Keith Haring. Die Akustik im Raum ist spektakulär.

✛ 202 westl. A3 ✉ Amsterdam Ave, Ecke West 112th Street ☎ 212/316-7540 ⊕ www.stjohndivine.org ❶ tägl. 7.30–18 Uhr; Führungen Mo-So ✦ 12 $ ⊞ 110th Street/Cathedral Parkway (B, C, 1) 🚌 M4, M11, M104

36 Harlem

Peter Stuyvesant gründete im Jahr 1658 nahe der heutigen 125th Street einen Handelsposten und nannte ihn nach der gleichnamigen holländischen Stadt Niew Haarlem. Deutsche und Iren ließen sich hier nieder, später auch Italiener. Zu Beginn des 20. Jh., nachdem die U-Bahn gebaut worden war, zogen viele Schwarze von Lower Manhattan nach Harlem; während des Ersten Weltkriegs folgten Weitere u. a. aus dem Süden der USA. Seither gilt Harlem als die berühmteste schwarze Neighborhood der USA. Heute ist sie ein spannender Schmelztiegel mit vielen Restaurants, Museen und einer lässigen Musikszene (s. auch Spaziergang S. 171).

✛ 202 B/C4 ✉ 110th Street bis (Westen ab 125th Street) bis zur 151st Street ⊞ 125th Street (am Broadway: 1; am Frederick Douglass Boulevard: A, B, C, D; an der Lenox Avenue/Malcolm X Boulevard: 2, 3) 🚌 M1–4, M18, M100, M101, M104

37 The Cloisters

Die nördliche Manhattan-Außenstelle des Metropolitan Museum, hoch oben auf einem Hügel über dem Hudson River gelegen, beherbergt Kunst des Mittelalters.

✛ 202 nördl. A5 ✉ Fort Tryon Park nördlich West 190th Street ❶ März–Okt. tägl. 10 bis 17.15 Uhr, Nov.–Feb. 10–16.45 Uhr ✦ 25 $, empfohlen ⊞ 190th Street 🚌 M4

Jazz-Zauber bei Marjorie Eliot

Lassen Sie sich von Marjorie Eliots Herzlichkeit verzaubern (Abb. oben: am Klavier) – und von den herrlichen Jazzklängen, die ihre Wohnung in Harlem füllen. Seit mehr als 20 Jahren veranstaltet sie jeden Sonntag um 16 Uhr gemeinsam mit ihrem Jazztrio Konzerte in ihrer Wohnung und öffnet die Tür für alle, die Lust auf Musik haben – ohne auch nur einen Cent für sich selbst anzunehmen.

555 Edgecombe Avenue, Ecke 160th Street, Apartment 3F, Tel. 212/781-6595, Infos via Facebook

Wohin zum ...
Essen und Trinken?

Preise für ein 3-Gänge-Menü ohne
Getränke, Steuer und Trinkgeld:
$ unter 30 $
$$ 30–60 $
$$$ über 60 $

RESTAURANTS

Sehr schmackhaft: Teller im Restaurant Daniel

Babbalucci
Gemütlicher Neapolitaner im Herzen von
Harlem mit süditalienischer Holzofenpizza
und ausgefallenen Cocktails. Perfekter
Startpunkt für eine Nacht in Harlem.
⚓ 202 C3 ✉ 331 Malcolm X Boulevard
☎ 646/918-6572 🌐 www.babbalucci.com
🕐 Do–Sa, 16–24, Mo–Mi 16–22 Uhr

Barney Greengrass $
Fisch ist hier die Spezialität. Am Wochenende kann man direkt im Geschäft vor der
Theke den legendären geräucherten Fisch
essen, allerdings ist es sehr voll. Unter der
Woche geht es ruhiger zu, dann setzt man
sich in den Speisesaal neben dem Geschäft.
⚓ 200 B3 ✉ 541 Amsterdam Avenue, zwischen 86th und 87th Street ☎ 212/724-4707
🌐 www.barneygreengrass.com
🕐 Di–So 8–18 Uhr

Broadway Diner
Klassischer Diner an der Upper West Side.
Eine garantiert authentische Erfahrung und
ein echter Nachbarschaftstreff. Perfekt für
ein ausgedehntes Frühstück mit Pancakes,
Eiern, Bacon und Ahornsirup.
⚓ 200 C5 ✉ 2664 Broadway ☎ 212/865-
7074 🌐 www.broadwayrestaurantnewyork.
com 🕐 tägl. 6.30–19.30Uhr

Carmine's $$
Hier fühlt man sich in die italienischen Restaurants von gestern zurückversetzt, wo so
lange Essen gebracht wurde, bis jemand tot
umfiel. Von einer Portion kann man eine Familie ernähren. Zu empfehlen sind Pasta,
Kalbfleisch, Hähnchen und Meeresfrüch-
te-Antipasti. Ausgehungerte Menschenmas-
sen, die auf einen Tisch hoffen (besonders
aussichtslos am Wochenende), stehen den
Broadway entlang Schlange, reservieren Sie
also besser. Pronto!
⚓ 200 B4 ✉ 2450 Broadway, zwischen 90th
und 91st Street ☎ 212/362-2200
🌐 www.carminesnyc.com 🕐 So–Do 11.00 bis
23, Fr/Sa 11.00–24 Uhr

Daniel $$$
Einer der besten Köche New Yorks, Daniel
Boulud, hat sein im Renaissancestil gehalte-
nes Hauptrestaurant aufpoliert. Die Küche ist
modern französisch, die Menüs wechseln je
nach Saison. Boulud ist ein ausgezeichneter
Koch und Kenner der klassischen französischen Techniken, wagt aber auch immer
neue Kreationen. Die Weinkarte umfasst
sage und schreibe 1500 Weinsorten.
⚓ 199 F4 ✉ 60 East 65th Street, zwischen
Madison und Park Avenue ☎ 212/288-0033
🌐 www.danielnyc.com 🕐 Dinner: Mo–Do
17.30–22.30, Fr/Sa 17–22.30,
Bar: Mo–Do 17.30–23, Fr/Sa 17–23 Uhr

Jean Georges $$$
Jean-Georges Vongerichten gab diesem Fünfsternerestaurant seinen Namen.
Das Restaurant gegenüber dem Central Park
ist auf zeitlose Art schick und modern. Die
Karte bietet französisch-amerikanische
Küche mit saisonalem Bezug. Der Chefkoch
schafft außergewöhnlich harmonische Kreationen wie Lachs in Mohnkruste oder Short
Ribs an Apfel-Jalapeño-Püree mit Rosma-
rin-Bällchen. Prefix-Lunch kostet 38 $, Din-
ner 118 $. Das Nougatine nebenan ist des

Meisters preisgünstigeres Bistro.
✚ 199 D4 ✉ Trump Hotel Central Park,
1 Central Park West, zwischen 60th und
61st Street ☎ 212/299-3900 🌐 www.
jean-georges.com 🕐 Lunch: Mo–So 11.45
bis 14.30 Uhr; Dinner: Mo–Do 17.30–23, Fr/
Sa 17–23, So 17.30–22.30 Uhr

Jacob's Pickles $$

Comfort Food nennt sich das deftige und
durchweg kalorienreiche Essen, das hier die
Tische zum Biegen bringt. Vor allem das
»Buttermilk Fried Chicken« strahlt eine Ext-
raportion Südstaatenflair aus, dazu passen
würzig eingelegte Gurken und ein handcraf-
ted Bier von einer Mikrobrauerei aus New
York, Maine oder Virginia. Man wünscht sich
danach einen Schnaps – der Espolon Tequila
ist eine gute Alternative, aber eigentlich hilft
nach all den üppigen Speisen nur zweierlei:
entweder ein ausgiebiges Nickerchen oder
ein langer Spaziergang im Central Park.
✚ 200 B3 ✉ 509 Amsterdam Avenue,
zwischen 84th und 85th Street
☎ 212/470-5566 🌐 http://jacobspickles.
com 🕐 Mo–Do 10–2, Fr 10–4, Sa 9–4,
So 9–2 Uhr

Shun Lee West $$

In diesem ausgezeichneten chinesischen
Restaurant wird mit besseren Zutaten gekocht als andernorts üblich und auch Aus-
gefalleneres an Gerichten serviert als sonst
in den chinesischen Restaurants von Chinatown. Zu den Spezialitäten gehört hier das
»Beggar's Chicken«, das im Lehmmantel ge-
backen wird und einen Tag im Voraus

bestellt werden muss. Direkt nebenan gibt
es ein zum Restaurant gehörendes Café, etwas legerer und ideal für einen kleinen Imbiss vor einer Veranstaltung im Lincoln Center.
✚ 200 A1 ✉ 43 West 65th Street,
zwischen Columbus Avenue und Central
Park West 🌐 www.shunleerestaurants.com
☎ 212/595-8895 🕐 Mo–Fr 12–14.30, Dinner:
16.30–22.30, Sa/So 12–22.30 Uhr

Sushi of Gari $

Das Sushi hier ist sensationell, egal ob Sie
die einfache Version mit Gurke bevorzugen
oder lieber eine edle Fisch-Zwiebel-Kombi
mit Tofusauce probieren. Der Sushimeister
bereitet aber auch ebenso exzellente Stan-
dardgerichte wie zum Beispiel Teriyaki-Huhn
und Nudeln zu. Nur sollten Sie hier kein allzu
gemütliches Restaurant erwarten, in dem
man länger verweilen möchte – man spürt,
dass das begrenzt haltbare Sushi so schnell
wie möglich an (möglichst viele) Kunden gebracht werden soll.
✚ 201 E1 ✉ 402 East 78th Street,
Ecke First Avenue ☎ 212/517-5340
🌐 www.sushiofgari.com 🕐 Mo 17–22.45,
Di–So 17–23.15 Uhr

Tom's Restaurant $

Dieses Restaurant ist aus der TV-Serie
»Seinfeld« bekannt und vor allem bei
Studenten der nahe gelegenen Columbia
University beliebt. Aber auch Ortsansässige
und Touristen strömen herbei, nicht zuletzt
wegen der günstigen Preise, der Tages-
specials und der riesigen Milchshakes.

Nichts für Vegetarier, aber alle anderen können in New York mit einem guten Steak nichts falsch machen: in Premiumqualität und mit einer Prise Meersalz, versteht sich.

📍 202 westl. A3 ✉ 2880 Broadway, Ecke 112th Street ☎ 212/864-6137 🌐 www.tomsrestaurant.net 🕐 So–Mi 6 bis 1.30 Uhr, Do–Sa 24 Stunden durchgehend

Vinateria $$

In Yvette Leeper-Buenos Restaurant gibt es italienische und spanische Gerichte, guten Wein und für Harlem bekannte Lässigkeit.
📍 202 A3 ✉ 2211 Frederick Douglass Blvd ☎ 212/662-8462 🌐 www.vinaterianyc.com 🕐 Mo 17–22, Di–Do 17–23, Fr 17–24, Sa 10.30 bis 24, So 10.30–22 Uhr

BARS

Auction House

Gemütlicher Ort mit bezahlbaren Drinks, Kamin und Mahagonibar. Am Wochenende Zutritt erst ab 25 Jahren.
📍 201 F2 ✉ 300 East 89th Street, Höhe 2nd Avenue ☎ 212/427-4458 🌐 theauction housenyc.com 🕐 tägl. 19.30–4 Uhr

Brandy's Piano Bar

Homo- und Heterosexuelle besuchen diese unterhaltsame Pianobar seit Langem gern.
📍 201 E2 ✉ 235 East 84th Street, zwischen 2nd und 3rd Avenue ☎ 212/744-4949 🌐 http://brandyspianobar.com 🕐 tägl. 16–3.30 Uhr

Shalel Lounge

Kerzen und Rosenblätter weisen auf der Treppe hinab in die Lounge mit marokkanischen Lampen und weichen Kissen.

📍 200 A1 ✉ 65 West 70th Street, nahe Columbus Avenue ☎ 212/873-2300 🕐 So–Do 17–24, Fr/Sa 17–2 Uhr

CAFÉS

Café Luxembourg

Das Café Luxembourg nördlich vom Lincoln Center ist bei den New Yorkern sehr beliebt zum Frühstück. Aber auch Lunch oder Dinner (etwa vor dem abendlichen Opernbesuch) sind hier empfehlenswert.
📍 200 A2 ✉ 200 West 70th Street, zwischen Amsterdam und West End Avenue ☎ 212/873-7411 🌐 www.cafeluxembourg. com 🕐 Mo–Di 8–23, Mi–Fr 8–24, Sa 9–24, So 9–23 Uhr

Irving Farm Coffee Shop

Gemütlicher Kellerraum mit Kaffees der sogenannten »Third Wave« – stark gebrannte Bohnen aus Fair Trade. Das Ambiente ist nachbarschaftlich, der perfekte Ort, um mit einem Cappuccino, einem Buttercroissant und der Zeitung in den Tag zu starten.
📍 200 B2 ✉ 224 W 79th St ☎ 212/206-0707 🌐 https://irvingfarm.com 🕐 tägl. 7.30–18 Uhr

Le Pain Quotidien

Gutes Brot in den USA – gibt es das? Durchaus. Die Kette bietet leckeres Brot, besten Café au lait und köstliche Sandwiches.
📍 201 D2 ✉ 1131 Madison Avenue, zwischen 84th und 85th Street ☎ 212/327-4900 🌐 www.lepainquotidien.com 🕐 Mo–Fr 7–20, Sa/So 8–20 Uhr

Vinateria: Harlems Restaurantszene verändert sich seit Jahren rasant, doch die Nachbarschaft rund um den Frederick Douglass Boulevard konnte sich eine Brise Uptown-Soul erhalten.

Eine seit mehr als 80 Jahren in Familienhand befindliche New Yorker Institution: das Zabar's mit seinem reichen Angebot an Delikatessen.

Wohin zum ...
Einkaufen?

UPPER WEST SIDE

Der Broadway wird Uptown zur Prachtstraße mit breiten Gehwegen, vielen Bäumen und schlossartigen Apartmenthäusern aus dem 19. Jh. Hier ist es längst nicht so überlaufen wie Downtown oder an der 5th Avenue. Kleine Boutiquen, gemütliche Restaurants und traditionsreiche Lebensmittelläden säumen zwischen 72nd und 86th Street den Broadway und die Columbus Avenue. Eine Institution ist **Zabar's** (2245 Broadway Ecke 80th Street), wo es die besten Kaffees, Tees und das delikateste Fleisch-, Käse- und Frischfischangebot der Stadt gibt. Freunde klassischer Musik finden im **Metropolitan Opera Shop** (136 West 65th Street) Bücher, DVDs und Geschenke rund um die Vorführungen im Lincoln Center.

Fitnessbegeisterte New Yorkerinnen sind Stammkunden bei **Lululemon Athletica** (1928 Broadway Ecke 64th Street). Die vom Yoga inspirierte Marke hat das Sortiment längst auf andere Sportarten ausgeweitet. **SZ'Baby Company** (100 West 72nd Street) führt entzückende Outfits für Kinder bis acht Jahre.

Der neue Ableger des Designer-Outlets **Century 21** (1972 Broadway, Ecke 66th Street) ist nicht so überfüllt wie der enge Touristen-Hotspot an Ground Zero.

Auf der Suche nach ausgefallener Mode lohnt ein Abstecher bei **Purdy Girl** (471 Columbus Avenue, zwischen 82nd und 83rd Street) – zwei Schwestern leben mit diesem Laden ihre Liebe zur Mode aus.

Wenn Sie Harlem erkunden, ist ein Stopp bei **Harlem Haberdashery** (245 Malcolm X Blvd, Ecke 122 Street) ein Muss.

Lokale, ultrahippe Designer-Mode trifft auf maßgeschneiderte Anzüge: Dahinter stecken die Macher des Labels **5001 Flavors**, das Jay Z für sein Video »Empire State of Mind« ausgestattet hat. Und: Im selben Brownstone (etwas weiter oben) lebte einst der Bürgerrechtler Malcolm X.

UPPER EAST SIDE

Ein Spaziergang entlang der Madison Avenue zwischen 60th und 72nd Street führt an erstklassigen Galerien und edlen Designerläden vorbei. Namen wie **Calvin Klein** (654 Madison Avenue), **Dolce & Gabbana** (827 Madison Avenue) und **Fred Leighton** (773 Madison Avenue), die Adresse für aufwendigen alten Schmuck, reihen sich hier aneinander.

Designerlabels ohne Plünderung der Reisekasse gibt es in den edlen **Secondhandläden** entlang der 80er-Straßen. Das **A Second Chance** (1111 Lexington Avenue, 2. Stock) hat sich beispielsweise auf Louis Vuitton und Chanel spezialisiert.

Barneys (660 Madison Avenue) ist eines der besten Kaufhäuser an der Upper East Side, das immer wieder mal Sales – also günstige Sonderausverkäufe – anbietet. Teenager-Girls strömen mit Begeisterung in die **Infinity Boutique** (1116 Madison Avenue, Ecke 83rd Street). In der Parfümerie **Bond No. 09** (897 Madison Avenue) gibt es nach New Yorker Neighborhoods benannte Düfte. Nicht fehlen darf dabei natürlich auch die folgende (Parfüm-)Kreation: »Success is the essence of New York.« Was man im Wechsel mit der nicht weniger quietschbunt verpackten Essenz »Andy Warhol Lexington Avenue« verwenden könnte.

Für echte Manhattaner Schreibwaren besuchen Sie **Blacker and Kooby** (1390 Lexington Avenue, zwischen 91th und 92nd Street).

Spartakus: Ballettaufführung in der Metropolitan Opera

Wohin zum … Ausgehen?

THEATER

Lincoln Center Theater
Im Vivian Beaumont gastieren Broadway-shows, das Mitzi E. Newhouse präsentiert kleinere Produktionen.
✛ 198 C5 ✉ 150 West 65th Street
☎ 212/362-7600 ⊕ www.lct.org

New York Shakespeare Festival
Im Sommer finden zwei Open-Air-Aufführungen statt; eine ist immer ein Stück von Shakespeare.
✛ 200 C2 ✉ Central Park, Delacorte Theater ☎ 212/539-8737
⊕ www.publictheater.org

TANZ

American Ballet Theatre
Diese Spitzentruppe tritt jedes Jahr ab Mai jeweils für nur zwei Monate im Met Opera House auf. Im City Center gibt es im Herbst nochmals über zwei Wochen Vorführungen.
✛ 198 C5 ✉ Lincoln Center, Metropolitan Opera House, Broadway, Höhe 64th Street
☎ 212/477-3030 ⊕ www.abt.org

Dance Theatre of Harlem
Die Vorstellungen dieser von dem legendären afro-amerikanischen Balletttänzer Arthur Mitchell mitbegründeten Truppe sind immer etwas ganz Besonderes.
✛ 202 nördl. C5 ☎ 212/690-2800
⊕ www.dancetheatreofharlem.org

Lincoln Center Out of Doors
Im Sommer gibt es über 100 kostenlose Tanzdarbietungen.
✛ 198 C5 ✉ Lincoln Center Plaza, Broadway, Ecke 64th Street ☎ 212/875-5456

New York City Ballet
Tanztheater in der Tradition von Jerome Roberts und George Balanchine.
✛ 198 C4 ✉ New York State Theater, Columbus Avenue, Ecke 63rd Street
☎ 212/870-5570 ⊕ www.nycballet.com

MUSIK

Apollo Theater
Legendäre Nächte: Wenn am Mittwoch-
abend Amateure auf die Bühne treten, eint
sie der gemeinsame Traum von einer Welt-
karriere. Ella Fitzgerald hatte hier ihren ersten großen Auftritt ebenso wie Billie Holiday.
Diana Ross fing im Apollo an, Marvin Gaye,
der junge Michael Jackson, Stevie Wonder,
James Brown …
✠ 202 B4 ✉ 253 West 125th Street
☎ 212/531-5300 ⊕ www.apollotheater.org

Beacon Theatre
Bewährter Schauplatz für Rock-, Pop- und
vielerlei andere Konzerte – in historischem
Rahmen (das Theater wurde 1929 eröffnet).
✠ 200 A2 ✉ 2124 Broadway ☎ 212/465-6000
⊕ www.beacontheatre.com

Kaufmann Concert Hall
at 92nd Street Y
Jazzer und US-amerikanische Lieder-
macher performen in toller Akustik.
✠ 201 E2 ✉ 1395 Lexington Avenue
☎ 212/413-8889 ⊕ www.92Y.org

Lincoln Center
Die New Yorker Philharmoniker spielen von
Ende September bis Anfang Juni in der
Avery Fisher Hall. Das Kammerorchester tritt
in der kleineren Alice Tully Hall auf. Erstklassigen Jazz gibt's im Time Warner Center (10
Columbus Circle).
✠ 198 C5 ✉ Broadway und 64th Street
☎ 212-501-3100 (Tickets) ⊕ www.jalc.org
☎ 212/258-9595 (Dizzy's tickets)

Summer Stage at Central Park
Open-Air-Konzerte im Central Park.
✠ 200 C1 ✉ Rumsey Playfield, Parkmitte,
Höhe 72nd Street ☎ 212/360-2777
⊕ www.summerstage.org

OPER

Metropolitan Opera
Die Saison dauert von September bis Mai.
Reservieren Sie unbedingt im Voraus. Im Juli
Konzerte bei freiem Eintritt im Park.

✠ 198 C5 ✉ Lincoln Center, Metropolitan
Opera House, Broadway und 64th Street ☎
212/362-6000 ⊕ www.metopera.org

New York City Opera Renaissance
Opernaufführungen im Rose Theatre
(Jazz at Lincoln Center).
✠ 198 C4 ✉ 10 Columbus Circle,
Ecke 59th Street ☎ 646/981-1888
⊕ www.nycopera.com

COMEDY UND KABARETT

Café Carlyle/Bemelmans Bar
Gediegene New Yorker Institution mit pro-
minenten Gastauftritten. In Bemelmans Bar
können Sie einem Pianisten lauschen.
✠ 199 F5 ✉ 35 East 76th Street ☎ 212/
744-1600 ⊕ www.thecarlyle.com

Comic Strip
Comedy mit Komikern wie Dave Chapelle
und Dane Cook.
✠ 201 E1 ✉ 1568 2nd Avenue, zwischen 81st
und 82nd Street ☎ 212/465-6000
⊕ www.comicstriplive.com

Stand-Up New York
Jeden Tag passiert hier Komisches.
✠ 200 B2 ✉ 236 West 78th Street
☎ 212/595-0850 ⊕ www.standupny.com

KINO

AMC Loews
Lincoln Square 13 with IMAX
Das schönste Multiplex in Uptown.
✠ 200 A1 ✉ Broadway 1998, Höhe 68th
Street ☎ 212/336-5020

Film Society Lincoln Center
Neben dem New York Film Festival im Sep-
tember sind die vielen kleinen Filmfeste und
Themenwochen spannend. Zum neuen
Center gehören das Walter Reade
Theatre und das Elinor Bunin Munroe Film
Center, in denen auch Stummfilme oder sel-
tene Videos gezeigt werden.
✠ 198 C5 ✉ Lincoln Center Complex
Broadway und 65th Street ☎ 212/875-5600
⊕ www.filmlinc.org

Empire State Building: hoch, höher – und nun
wieder am Zweithöchsten (nach dem One World
Trade Center in Downtown)

Empire State bis
Greenwich Village

Gegensätze ziehen sich an:
Von der Mega-City in die
dörfliche Idylle ist es hier nur
ein Katzensprung.

Seite 102–131

Erste Orientierung

Greenwich Village – die Gegend südlich der 14th Street und westlich des Broadway – lag bei seiner Gründung im Jahr 1696 noch weit außerhalb der Stadt, und damals waren Wolkenkratzerbauten wie das Empire State Building allenfalls in einem fernen Utopia vorstellbar.

Heute ragt der Himmelsstürmer am westlichen Rand von Murray Hill empor, südlich davon erstrecken sich Gramercy Park, Union Square und East Village. Im Westen liegen der Garment District, wiederum südlich davon Chelsea und eben Greenwich Village, das von den New Yorkern meist kurz »The Village« genannt wird. So oder so trägt es seinen Namen zu Recht: Die verwinkelten Kopfsteinpflastergassen, die kleinen Läden und Cafés verströmen bis heute einen dörflichen Charme. Das alte Bürgerviertel war lange ein Magnet für Künstler und Intellektuelle. Davon künden noch immer die Jazzclubs und die aktive Gay Community an der Christopher Street. Doch die Idylle hat ihren Preis: »The Village« gehört zu den begehrtesten und teuersten Wohnvierteln der Stadt.

TOP 10

1 ★★ Empire State Building

Nicht verpassen!

38 East Village
39 Greenwich Village
40 High Line Park

Nach Lust und Laune!

41 Madison Square Park
42 Flatiron Building
43 Gramercy Park
44 Union Square
45 Rubin Museum of Art
46 Chelsea
47 Hotel Chelsea
48 Chelsea Piers

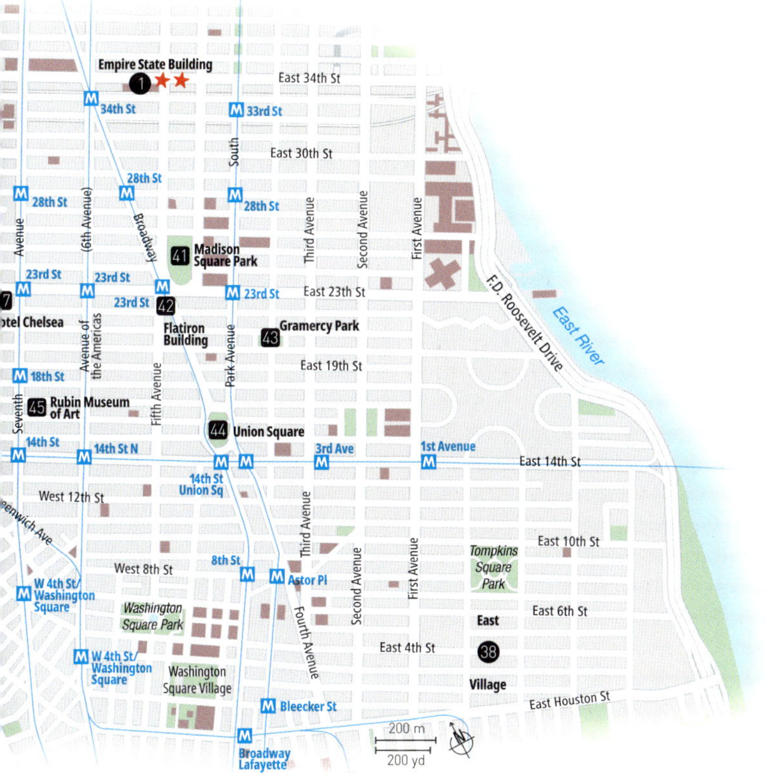

Mein Tag beim Shopping im Vintage-Stil

Sie wollen einen neuen Stil ausprobieren? Im ausgefallenen Outfit über die Avenues flanieren? Prima, dann haben Sie im Big Apple genau das richtige Pflaster gefunden! Es gibt nichts, was zu schrill oder zu auffallend ist! Vor allem im Village können Sie Ihre innere Fashion-Queen so richtig ausleben – und sich mit coolen Stücken eindecken.

9 Uhr: Stilsicher in den Tag

Beginnen Sie Ihren Shopping-Tag unter dem edlen Schatten der New Yorker Ikone: Das Friedman's (132 W 31st St; www.fried mansrestaurant.com) ist gleich um die Ecke vom ❶ ★★ Empire State Building. French Toast oder Eggs Beni wappnen Sie für Spaziergang und ausgedehntes Shopping.

11.30 Uhr: Big-City-Vibes

Saugen Sie die Großstadtstimmung auf, während Sie am ㊷ Flatiron Building vorbei dem Broadway in Richtung ㊹ Union Square folgen. Erschwingliche Boutiquen und Beauty-Ikonen wie Kiehl's säumen den Weg. Auf dem quirligsten aller New Yorker Plätze (nach dem Times Square, versteht sich) bekommen Sie den buntesten und schrillsten Querschnitt der Stadt präsentiert.

12.30 Uhr: Let it rock!

Mit »Dancing Barefoot« von der Punk- und Rockmusikerin Patti Smith im Kopf streift es sich besonders gut durch das ㊳ East Village. Von der einstigen Punkszene weht

9 Uhr: Stilsicher in den Tag –
Start im Schatten der Ikone
11.30 Uhr: Big-City-Vibes –
am Union Square
Start
9 Uhr
West 30th St
Friedman's
Chelsea Park
South
20 Uhr: Schlaflos mit Stil
Avenue
(6th Avenue)
Broadway
41
Third Avenue
Second Avenue
First Avenue
42
West 23rd St
East 23rd St
40
Tenth Avenue
18 Uhr
Seventh
Avenue of the Americas
East 19th St
Park Avenue
44
11.30 Uhr
West 14th St
East 14th St
East Village Vintage Collective
Café Grounded
Greenwich Ave
West 12th St
Third Avenue
First Avenue
12.30 Uhr
East 10th St
18 Uhr: New Yorks heißester Laufsteg
West St
15 Uhr
West 8th St
14 Uhr
St Mark's Place
Tompkins Square Park
38
AuH20
East 6th St
Washington Square Park
Fourth Avenue
East 4th St
Washington Square Village
CBGB
East Houston St
200 m
200 yd
N
15 Uhr: Volle Ladung – im West Village
14 Uhr: Stylishe Reise
12.30 Uhr: Let it rock – im East Village

Oben: Beim Flohmarkt am Union Square. Rechts oben: auf Shoppingtour im East Village. Darunter: High Line – Laufsteg für Fashionistas.

noch der Musikgeist durch die abgerockten Straßen rund um St. Mark's Place, am Leben gehalten durch viel Graffiti, kleine Ethno-Läden und langhaarige Rocker in Lederjacken. Decken Sie sich in Vintage-Läden wie dem East Village Vintage Collective (www.eastvillage vintagecollective.com) mit schrillen 1980er- und 1990er-Outfits ein, klassischere Secondhand-Designermode gibt es bei AuH2o (www.au h2oshop.com).

14 Uhr: Stylishe Reise in die Vergangenheit

Sie träumen von einem Konzert im legendären CBGB & OMFUG? Das tun viele in New York. Seit der Liveclub seine Türen schloss, blutet im Village so manches Musikerherz. Und was hilft bei Liebeskummer? Richtig, Shoppen ist eine gute Ablenkung. Wie passend, dass Sie das nun in den ehemaligen vier Wänden des CBGB tun können. Vor gut zehn Jahren zog hier das Designer-Label John Varvatos (www.john varvatos.com) ein und behielt als Hommage an die guten alten Tage eine Wand voller Memorabilien.

15 Uhr: Die volle Ladung Bohemian-Vibe

Von Ost nach West. Keine Nachbarschaft hat sich das Bohemian-Lebensgefühl derart auf die Fahne geschrieben wie das West Village. Tauchen Sie ein. Die winzigen Straßen der Washington Mews oder das

Kleine Freuden (nicht nur) für Bohemians:
im West Village

schmalste Wohnhaus der Stadt, das schrullige 75½ Bedford Street, sind Relikte einer längst vergangenen Zeit.

Und sonst? Sie werden beim Bummel wunderschön renovierte Brownstones sehen, süße (und teure) Designer-Lädchen und hübsche Cafés wie das Grounded (www.groundedcoffee.com). Genießen Sie das nostalgisch-schicke Flair!

18 Uhr: New Yorks heißester Laufsteg für Fashionistas

High Times auf der ④⓪ High Line: Hier flaniert man direkt über dem Meatpacking District vorbei an riesigen Graffitis und blickt von oben auf Designer-Läden wie Diane von Furstenberg. Genießen Sie den Sonnenuntergang mit Fashionshow über dem Hudson auf einer der Holzliegen nahe der 14th Street.

20 Uhr: Schlaflos mit Stil

Wer braucht schon Schlaf in dieser Stadt? Eben! Führen Sie Ihre neuen lässigen Outfits da aus, wo New Yorker abends am liebsten posen: auf einer der vielen Dachterrassen. Das McKittrick Hotel ist nicht nur wegen der umrankten Rooftop-Bar Gallow Green (https://mckittrickhotel.com/gallow-green) ein Hotspot, die interaktive Shakespeare-Theatershow Sleep No More ist eines von New Yorks bestgehüteten Geheimnissen für einen ungewöhnlichen Abend – weiße Masken als Outfit für die Zuschauer inklusive.

❶ ★★ Empire State Building

Warum?	Die. Ikone. New Yorks. Punkt.
Was leuchtet?	Ein computergesteuertes LED-System, das von neun auf 16 Millionen Farben gesteigert werden kann
Wie beleuchtet?	Oft farblich passend zu internationalen Ereignissen oder Feiertagen wie am 3. Oktober schwarz-rot-gold
Wie hoch?	443 m gesamt, 373 m auf der Aussichtsplattform
Wohin schauen?	Rundum und weit: An klaren Tagen geht die Sicht bis in 80 km Entfernung
Was beachten?	Die Schlangen vor Ort sind lang. Kaufen Sie das Ticket online und rauschen Sie durch

»Unauffälliges Art déco«? Was die Architekturbücher über das Empire State Building sagen, mag stilistisch stimmen – die Ikone der Stadt erntet dafür aber ziemlich viel Beachtung. King Kong hat es bestiegen, ein B-25-Bomber flog dagegen, Waghalsige stürzten sich mit dem Fallschirm hinab, und pro Jahr fahren ungefähr hundert Blitze in den Wolkenkratzer.

Heute besuchen jedes Jahr etwa 3,8 Millionen Besucher das Gebäude. Kein Wunder: In puncto Aussicht und Romantik kann es kein Wolkenkratzer der Welt mit dem Empire State Building aufnehmen. 1929 begannen die Arbeiten an der Stelle, wo einst das erste Waldorf-Astoria-Hotel gestanden hatte.

Exakte Planung

Bis zu 3400 Arbeiter, darunter viele Mohawkindianer, waren in Spitzenzeiten am Bau des von den Architekten Shreve, Lamb & Harmon geplanten Wolkenkratzers beteiligt. Nach nur 19-monatiger Bauzeit war der 381 Meter (mit Antennenmast 443,2 Meter) hohe, nach dem Beinamen des Bundesstaates New York benannte Koloss fertiggestellt.

Zur Eröffnung am 1. Mai 1931 drückte der damalige US-Präsident Herbert Hoover im Weißen Haus in Washington auf einen Knopf, damit im Empire State Building in Manhattan die Lichter angingen.

Rechte Seite: Blick vom East River auf Manhattan mit dem Empire State Building als auch inmitten neuer und neuester Hochhauskonkurrenten unverkennbarer Orientierungsmarke.

Offiziell ist das Gebäude zwar 102 Stockwerke hoch, allerdings enthalten nur 85 davon Nutzflächen, die vermietet werden können (insgesamt 208 000 m²). Darüber befinden sich die Aussichtsplattform im 86. Stock und eine Kuppel, die ursprünglich einmal zum Festmachen für Luftschiffe gedacht war. Wegen der gefährlichen Aufwinde wurde dieser Plan dann aber doch nicht realisiert. Im Schnitt bleibt die Aussichtsplattform an 40 Tagen im Jahr wegen der zuweilen starken Böen geschlossen.

Eine Stadt für sich

Im Empire State Building leben und arbeiten über 30 000 Menschen. Für seinen Bau wurden 365 000 Tonnen Stahl, Beton und Granit verwendet, 100 Kilometer Wasserleitungen und 5630 Kilometer Telefonkabel verlegt. 73 Fahrstühle verkehren in elf Kilometer langen Aufzugsschächten, in nur 45 Sekunden transportieren sie Menschen und Lasten in die Höhe.

Es gibt auch ein Treppenhaus: Durchtrainierte Läufer brauchen für die 1860 Stufen beim jährlichen Empire State Run-up nicht mehr als elf Minuten. Über den Mast auf dem Dach werden Fernseh- und Radioprogramme ausgestrahlt.

Ganz aus Marmor: die Eingangshalle an der 5th Avenue

Form und Gestalt

Das Äußere des Himmelsstürmers ist bewusst funktional gestaltet und erinnert an einen (leicht überdimensionalen) Bleistift. Auf die typischen Verzierungen des frühen Art déco wurde verzichtet, das Design der Kalksteinfassade und der Edelstahlfenster verweist auf ihre (maschinelle) Herstellungsform. Auch das Rot der Fensterrahmen (eine Farbe zum Grundieren von Stahl) unterstreicht den industriellen Charakter. Zur Ikone wurde der Bau auch durch Filmklassiker, in denen er eine Rolle spielt – an erster Stelle »King Kong und die Weiße Frau« (1932).

Der Besuch des Giganten

Das Ticket online (www.esbnyc.com) zu kaufen erspart das Anstehen. Eine andere Möglichkeit ist der CityPass, mit dem man sich direkt am Aufzug anstellen kann; auch das verkürzt das Rumstehen.

Eine weitere Möglichkeit ist der Kauf eines Kombitickets für die Plattform und den New York Sky-Ride. Die Schlange am SkyRide-Schalter (Tel. 212/279-9777; www.skyride.com; 8–22 Uhr) ist kürzer – allerdings ist die siebenminütige Fahrt im Simulator nicht sehr aufregend, auch wenn viele Topsehenswürdigkeiten New Yorks auf über zwei Stockwerke große Bildschirme projiziert werden. Da sich die Sitze in einer Sekunde um 320 Grad drehen, ist das Ganze zudem nur etwas für Schwindelfreie.

Das Empire State Building in den Morgenstunden

Dekor aus Europa

Während Sie unten warten, haben Sie zumindest Zeit, die beeindruckende Eingangshalle zu bestaunen. Der Marmor für die Wandverkleidung stammt aus Steinbrüchen in Belgien, Frankreich, Deutschland und Italien.

Wirklich sparen können Sie sich übrigens die übervolle Aussichtsplattform im 102. Stock, die kostet extra und ist häufig geschlossen. Vor allem aber ist der Blick aus dem 86. Stock genauso berauschend.

KLEINE PAUSE

Stärken Sie sich ein paar Blocks südöstlich im **Birch Coffee** (432 3rd Ave, Tel. 212/686-1444; http://birchcoffee.com) mit einer der köstlichen Spezialröstungen.

✠ 197 D5 ✉ 350 5th Avenue, Ecke East 34th Street
☎ 212/736-3100
⊕ www.esbnyc.com

🕐 tägl. 8–2 Uhr (letzter Aufzug 1.15 Uhr) 💲 37 $ 🚇 34th Street/ Herald Square (B, D, F, N, R, V, W)
🚌 M1–7, M16, M34

🎖 East Village

Warum?	Weil wir tief im Herzen alle Rocker sind
Wo?	Astor Place, Tompkins Square Park und noch etwas weiter in den Osten
Wann?	Ab Nachmittag, dann füllen sich die Straßen mit den Szeneleuten
Wie?	In Lederjacke, Jeans und Bikerboots fallen Sie hier null auf
Was?	Bummeln, mit Leuten reden, abends auf einen Drink in die Musikbar

Das East Village war schon so ziemlich alles: Schickes Wohnviertel, Einwanderer-Zufluchtsort und schließlich Keimzelle für Musik, Kunst, Literatur und Freigeister. Auch die Drogenszene war lange berühmt-berüchtigt. Und heute? Ändert sich die Bewohnerstruktur gerade mal wieder – bunt bleibt das East Village aber.

Einst der nördliche Teil der Lower East Side, versteht man heute unter dem East Village die Gegend östlich vom Broadway, zwischen 14th und Houston Street. Im 19. Jh. wohnten hier die wohlhabenden New Yorker, später verdrängten Einwanderer aus Deutschland, Polen, Russland, der Ukraine und Puerto Rico die Reichen nach Norden. In den 1950er-Jahren entdeckten Künstler, Literaten, Musiker sowie auch

Schöner shoppen im East Village, eine der entspanntesten Neighborhoods der Stadt

Studenten das Viertel. Bis in die 1990er-Jahre war hier einer der wichtigsten Nährböden für amerikanische Kultur: Der Punk wurde im Village geboren, Künstler wie Andy Warhol, Jean-Michel Basquiat und Keith Haring sowie die Beat-Poeten von Jack Kerouac bis Allen Ginsberg waren mit dem Ort verbunden.

Heute gehen die Mietpreise ins Unendliche – es ist cool, zentral und hip hier zu wohnen. Sein ganz eigenes Flair hat sich das East Village trotzdem bewahrt und ist nach wie vor ein guter Ort zum Einkaufen, Bummeln und um die Atmosphäre zu genießen. Die Boutiquen stellen farbenprächtige Mode, die Anwohner farbenprächtige Tätowierungen zur Schau, der Stadtteil gibt sich exzentrisch. Burp Castle Temple of Beer Worship (41 East 7th Street, Ecke 2nd Avenue, Tel. 212/982-4576), eine dunkle, kirchenähnliche Kneipe, in der »Brauereimönche« in braunen Kutten bedienen, ist nur ein Beispiel dafür.

»Sign o' the Times«: Graffiti im East Village

Die volle Ladung Historie

Die Bezeichnung »East Village« entstand erst um das Jahr 1960; vorher gehörte dieser Bezirk zu Greenwich Village, demografische Verbindungen gab es auch zur Lower East Side. Teile des East Village sehen immer noch wie vor 100 Jahren aus. Fast-Food-Ketten und manches moderne Gebäude mögen diesen Eindruck mitunter stören, doch etliche Mietshäuser und historische Gebäude blieben erhalten. Etwa die Grace Church (802 Broadway/East 10th Street): Entworfen von James Renwick Jr., ist diese neugotische episkopale Kirche mit ihren schönen Buntglasfenstern eine nostalgische Oase im Trubel.

Die Kirche wie auch andere Locations im East Village wirken wie historische Filmsets und waren es teilweise. So auch die Colonnade Row (428–434 Lafayette Street), südlich vom Astor Place. Diese Reihe von baufälligen Häusern im klassizistischen Stil gehörte in den 1830er-Jahren zu den besten Adressen in New York; damals wohnte hier u. a. der Millionär John Jacob Astor. Im klassizistischen Gebäude des heutigen <u>Merchant's House Museum</u> (29 East 4th Street, östlich der Lafayette Street, Tel. 212/777-1089; www.merchants house.org; Fr–Mo 12–17, Do 12–18 Uhr; 15 $) lebte ab 1832 Gertrude Tredwell – das Vorbild für die Erbin in Henry James' Roman »<u>Washington Square</u>« (1881). Verbittert durch eine gescheiterte Liebe, zog sie sich zurück und starb 1933 im Alter von 93 Jahren.

Wilde Happenings

Verrucht ging es im East Village lange zu, selbst in Kirchen. In der <u>St. Mark's Church in-the-Bowery</u> (131 East 10th Street, Ecke 2nd Avenue; Baujahr 1799) finden nicht nur ökumenische Gottesdienste statt, sondern bisweilen recht wilde Happenings, von Dichterlesungen bis zu hin Aufführungen der Werke des Marquis de Sade. Der gestrenge Gouverneur <u>Peter Stuyvesant</u> aus dem 17. Jh., der hier begraben liegt, dürfte sich ab und an im Grabe umdrehen.

Rocklegenden und Edelboutiquen

<u>The Bowery</u>, nach dem Broadway New Yorks zweitälteste Straße, war im Stadtbild lange negativ belastet: als Synonym für Verbrechen und Verfall. Sie erlebt aber schon seit Jahren einen positiven Imagewandel. Im CBGB & OMFUG an der 315 Bowery trat einst so ziemlich alles auf, was im Rock Rang und Namen hatte – heute residiert darin die Edel-Boutique des Designers <u>John Varvatos</u>. Vom einstigen Rockpalast <u>Fillmore East</u>, in dem u. a. die Allman Brothers, Jimi Hendrix und Frank Zappa Livealben aufnahmen, blieb nur der obere Teil der Fassade – heute residiert hier die Emigrant Savings Bank (105 2nd Avenue, Ecke East 6th Street).

Mit dem legendären Fillmore East eröffnete die Band von Janis Joplin, Big Brother and the Holding Company, einen kurzlebigen Rockpalast (1968–1971).

KLEINE PAUSE

Ein Querschnitt der Village-Bewohner is(s)t gut (und gern) im ukrainischen Restaurant **Veselka** (144 2nd Avenue, Ecke East 9th Street, Tel. 212/228-96 82; 24 Stunden geöffnet). Mit Beginn des Kriegs in der Ukraine 2022 wird das Veselka zum Zentrum der Solidarität mit der Ukraine.

 ✝ 197 E1 Astor Place (6); Lower East Side/2nd Avenue (F); Delancey Street/   Essex Street (F, J, M, Z) M1, M8, M9

㊴ Greenwich Village

Warum?	Weil ein Bohemian-Dasein so herrlich romantisch klingt
Wie?	Lassen Sie Ihre Bohemian-Ader ruhig stilistisch durchblitzen. Hier geht alles ...
Womit?	Mit Buch oder Zeitung gehören Sie in den Intellektuellen-Cafés schnell zum Inventar
Wer?	Stars und Sternchen lieben das Village, Augen auf!
Wohin?	Abends in die netten kleinen Restaurants entlang der Cornelia oder der Bleecker Street

Nostalgiker beklagen immer wieder, »das Village« sei nicht mehr das, was es einmal war. Aber was heißt das schon in einer Stadt, in der nichts so beständig ist wie der ständige Wandel? Heute erzielen hier selbst bescheidene Wohnungen Preise von einer Million Dollar – allzu viel Sinn für »Anarchie im Alltag« sollte man da nicht mehr erwarten.

Und doch findet man mancherorts noch Spuren des alten Charmes, der Greenwich Village so liebenswert macht. Vor über 200 Jahren war die Gegend nördlich der Houston Street ein Synonym für Gesundheit und Wohlstand: Während des Gelbfiebers und anderer Epidemien flüchteten reiche Familien aus Lower Manhattan hierher. Als sich dann in den

Man erkennt sofort, warum: »Little Bohemia« wird der westliche Teil von Greenwich Village auch genannt.

Am Washington Square Park (oben und oben links) ist immer etwas los. Unten links: George Segals Skulpturengruppe »Gay Liberation« im kleinen Christopher Park an der Christopher Street, unweit vom legendären Stonewall Inn.

1840er-Jahren Manhattans Bevölkerung weiter nach Norden auszubreiten begann, wurde das Gebiet rund um den Washington Square immer populärer. Nach der Eröffnung der New York University am Washington Square im Jahr 1831 verlegten auch Künstler und Intellektuelle ihr Domizil hierher; in den 1960er-Jahren war die Gegend für ihre lebendige Folkszene bekannt, mit Bob Dylan als ihrem prominentestem Vertreter. Während der Coronapandemie wurde der Platz gar zum zentralen Treffpunkt für junge Leute aus der ganzen Stadt. Viele Proteste für schwarze Bürgerrechte und gegen Donald Trump gingen ebenfalls von hier aus.

Liberal und aufgeschlossen

Bleecker Street und Christopher Street sind die beiden kommerziellen Hauptstränge in Ost-West-Richtung, aber auch ein Abstecher in die Seitenstraßen lohnt sich. Am buntesten geht es immer am Washington Square Park zu: Skater, Straßenkünstler, Musiker bevölkern diesen früheren Friedhof und Hinrichtungsort (die große Ulme in der nordwestlichen Ecke des Parks wurde noch 1820 als Galgen genutzt).

Der Washington Arch, ein von Stanford White entworfener Triumphbogen, ist eine marmorne Nachbildung des hölzernen Originals, das hier zur Hundertjahrfeier der Amtseinsetzung von Präsident George Washington aufgestellt wurde. Die Stadthäuser entlang des Washington Square Park, auch »The Row« genannt, wurden in den 1830er-Jahren im klassizistischen Stil erbaut. Zu den späteren Bewohnern gehörte der Maler Edward Hopper in Nr. 3. Noch etwas niedlicher ist die winzige Privatstraße Washington Mews nördlich des Parks. Die hübschen Häuser wurden früher zum Unterstellen von Kutschen und als Stallungen genutzt. Hier hat das Deutsche Haus (http://as.nyu.edu/deutscheshaus.html) eine Außenstelle mit immer spannenden Events und Lesungen.

An den Ursprung der US-amerikanischen Schwulenbewegung, die im Jahr 1969 mit einem Aufstand gegen Polizeischikanen in einer gegenüber dem Park gelegenen Kneipe namens Stonewall Inn begann, erinnert eine Skulpturengruppe im Christopher Park (West 4th Street, Christopher Street und Grove Street). Entlang der Christopher Street findet jährlich die Pride Parade statt. Im Schankraum des Inn erinnern Zeitungsartikel und Fotos an die Proteste damals.

Machen Sie auch kurz am Grove Court (zwischen Nr. 10 und 12 der Grove Street) halt. Der romantische Innenhof (privat!) wirkt wie eine Oase mitten in der Großstadt. Zu den Berühmtheiten, die in der 1880 als Lokal für Hafenarbeiter eröffneten White Horse Tavern (567 Hudson Street) gerne mal einen über den Durst tranken, gehörten u. a. Jack Kerouac, Norman Mailer und Dylan Thomas. Und vergessen Sie St. Luke's Place nicht:. Die Häuser sehen fast noch so aus wie zur Zeit ihrer Entstehung in den 1850er-Jahren.

KLEINE PAUSE

Die Croissants der **Patisserie Claude** (187 West 4th Street; Tel. 212/255-59 11) zergehen auf der Zunge.

✝ 196 C3 🚇 West 4th Street/ Washington Square (A–F, M)   🚌 M1, M8, M9   ⓘ

④⓪ High Line Park

Was?	Die grüne Flaniermeile der Stadt
Warum?	Wegen des erhabenen Gefühls. Und: Langweilig wird es hier nie – mit über 400 öffentlichen Aktivitäten jährlich.
Wann?	Immer. Aber vor allem am Wochenende herrscht auf der High Line »Highlife«. Das hat seinen ganz eigenen Reiz.
Wohin schauen?	Richtung Süden auf den Hudson River und die ferne Freiheitsstatue, im Norden auf Empire State Building & Co.

New York erfindet sich ständig neu. Ein gutes Beispiel dafür ist der High Line Park: Wo zwischen den Jahren 1934 und 1980 Güterzüge fuhren, erstreckt sich nun dank des Engagements einer Bürgerinitiative eine grüne Oase auf Stelzen.

Auf den Gleisen der ehemaligen Hochbahn wurden einst Fleisch und Geflügel in den Westen von Manhattan transportiert.

Das Architektenteam Diller Scofidio + Renfro brachte Natur und Industrie mühelos zusammen: Ein Rundgang führt an gut 350 Baumarten, Gräsern, Stauden, Wildblumen, Sträuchern und Weinreben vorbei, die sich über die Schienen ranken und die Szenerie an so mancher Stelle zu einem verwunschenen Garten machen – den Sie zugegebenermaßen mit vielen anderen teilen müssen.

Viel Kunst im öffentlichen Raum

Ähnlich wie die kleinen natürlichen Mikrokosmen des Parks sprossen auch neue Architektur, Kunst- und Designgalerien an der Strecke auf. Coole Hotels, Restaurants, Cafés, exklusive Wohn- und Bürotürme folgten. Halten Sie Ausschau nach innovativen Gebäuden wie Frank Gehrys IAC Building (W 18th St.), Zaha Hadids Bau an der 28th Street oder Jean Nouvels Chelsea Nouvel Apartmenthaus (W 19th St.). Bauten wie The Standard oder das High Line Hotel können Sie gar nicht übersehen, sie sind in die High Line integriert. Direkt unter dem südlichen Aufgang zur High Line erhebt sich der gräuliche Kastenbau von Renzo Piano, in dem die Bestände des Whitney Museums an zeitgenössischer US- amerikanischer Kunst mit Werken von Warhol, Hopper, Pollock und Haring auf 6000 m² Fläche gebührend in Szene gesetzt werden (99 Gansevoort St.; http://whitney.org; Mi–So; 25 $).

»A Place to be«: In die einstigen Hochbahn-schienen sind heute Blumenbeete und Kunst-werke integriert, Graffiti gehören ebenso dazu wie Rosen, Sonnenblumen und Tulpen.

Große Terrassen geben den Blick auf den Hudson River und die Stadt frei. Im Norden mündet die Highline in die Hudson Yards (S. 21; The Shed, https://theshed.org). Von hier aus kann man auch die aufregendste neue Aussichts-plattform der Stadt besuchen, »The Edge«, ein Glasbalkon auf 336 Meter Höhe (www.edgenyc.com/en, 36 $).

Sehr ange-nehm: Holzlie-gestühle lassen sich vor Ort auf dem Güterzug-gestell entlang-schieben.

Auf www.the highline.org findet sich eine 75-minütige Park-Tour.

KLEINE PAUSE

Für ein Impromptu-Picknick decken Sie sich im roten Bau des historischen **Chelsea Market** aus dem Jahr 1890 ein – der Aufzug hinunter ist an der 17th Street, gleich neben dem »10th Avenue Overlook«.

✚ 196 A/B4
✉ West 34th bis Gansevoort Street, zwischen 10th und 11th Avenue;

verschiedene Aufgänge, z. B. 14th, 18th, 26th oder 30th Street
⊕ www.thehighline.org

Nach Lust und Laune!

41 Madison Square Park

Mitte des 19. Jh.s lebten die reichsten Familien New Yorks in der Nähe des Parks, der jedoch in den 1980er-Jahren völlig verwahrloste. Das Entstehen der »Silicon Alley« im sogenannten Nomad (North of Madison Park) mit ihren Software- und Internetfirmen trug zu einer neuen Blüte bei. Im Park stehen mehrere bedeutende Skulpturen wie die von Augustus Saint Gaudens gefertigte Statue des Admirals David Farragut, eines Nordstaatenhelden im Bürgerkrieg. Die Bronzefigur wird flankiert von den Allegorien »Mut und Loyalität«, nach Entwürfen von Stanford White. Östlich des Parks ragt der Turm der Metropolitan Life Insurance empor, der für kurze Zeit das höchste Gebäude der Welt war.

Die Ausblicke vom Park auf das Flatiron Building im Süden und auf das Empire State im Norden sind gleichermaßen fotogen.

✝ 197 D4 ✉ begrenzt von 23rd und 26th Street sowie Madison und 5th Avenue 🚇 23rd Street (N, R) 🚌 M1–3, M5–7

42 Flatiron Building

Das 22-stöckige Hochhaus im italienischen Renaissancestil schrieb als erster Wolkenkratzer Manhattans Architekturgeschichte. Das im Jahr 1902 auf einem spitzwinkligen Grundstück an der Kreuzung 5th Avenue, Broadway und 23rd Street errichtete, 76 Meter hohe Gebäude mit 20 Etagen ist New Yorks erster Wolkenkratzer in der damals neuen Stahlskelettbauweise. Schon dessen Architekten, D. H. Burnham, erinnerte die markante Dreiecksform an ein Bügeleisen (engl. »flat iron«) – daher der Name. Heute bildet es den Mittelpunkt des Flatiron Districts mit vielen Restaurants und Läden.

✝ 197 D4 ✉ 175 5th Avenue, Ecke Broadway und 23rd Street 🚇 23rd Street (N, R) 🚌 M1–3, M5–7

43 Gramercy Park

Anfang der 1830er-Jahre entwarf der erfolgreiche Investor Samuel B. Rugglers für ein von ihm erworbenes Grundstück einen Plan mit 66 Wohnhäusern, die er rund um eine zentrale Grünanlage anordnete. Nur den zukünftigen Anwohnern der Anlage sollte der Zugang gestattet werden. Was als Verkaufsanreiz gedacht war, sichert dem Park bis heute eine Ausnahmestellung: Er ist der einzige Privatpark New Yorks. Entsprechend exklusiv war und ist die Adresse – bis heute haben nur die Anwohner der umliegenden Häuser (und die Gäste des Gramercy Park Hotel) Zugang zum Park.

✝ 197 D3 ✉ Lexington Avenue, zwischen East 21st und East 20th Street 🚇 23rd Street (6) 🚌 M1–3, M101–103

Croissants bei Tag, geheime Cocktails bei Nacht

Ein Neonschild, eine stinknormale Tür und ein Buzzer: Tippen Sie 4-9-2-7 ein, die Tür öffnet sich, und Sie kommen durch den kerzenbeleuchteten Café-Shop ins Hinterzimmer – in die Bar Patent Pending. Auf dunkelgrünen Ledersofas kuscheln sich New Yorker Nachteulen aneinander, die dunklen Backsteinwände werden von vielen kleinen, gedimmten Glühbirnen sanft angestrahlt. Das nächtliche Abenteuer wird mit einem Radio-Waves-Cocktail belohnt, samt kleiner Geschichtsstunde: Das Speakeasy befindet sich im Radio Wave Building, in dem einst das Elektrotechnik-Genie Nikola Tesla forschte. *49 West 27th Street, Tel. 212/698-4002, www.patentpendingnyc.com*

44 Union Square

Seit den Tagen des Amerikanischen Bürgerkriegs (1861–1865) sind politische Auftritte und Demonstrationen hier an der Tagesordnung. Im ersten Jahrzehnt des 20. Jh.s wurde sogar eine »Speakers Corner« nach dem Vorbild im Londoner Hyde Park etabliert. Auch viele Arbeiterkundgebungen fanden statt – der Name des Platzes bezieht sich aber nicht etwa auf eine Gewerkschaft (engl. »union«), sondern auf die »Union« zweier Straßen: Broadway und Bowery. Viele Demonstrationen der Black-Lives-Matter-Bewegung nahmen 2020 hier ihren Anfang.

Besonders der Südrand ist ein beliebter Treffpunkt für junge Leute, Musiker, Skater und Träumer. Das Bronzerelief am Sockel des Fahnenmastes in der Mitte des Platzes schuf der Bildhauer Anthony de Francisci – Arbeiter und Pioniere, Afroamerikaner und Indianer symbolisieren die amerikanische Unabhängigkeit. Mo, Mi, Fr, Sa ist Markttag (www.cenyc.org).

♱ 197 D3 ✉ zwischen East 17th und East 14th ⊕ www.grownyc.org ◷ Mo, Mi , Fr, Sa, So ab 11 Uhr; Union Square Greenmarket: Mo, Mi, Fr, Sa 8–18 Uhr ♦ 15 $, Fr ab 18 Uhr frei ⊞ 14th Street (A, C, E); 14th Street/Union Square (N, Q, R, 4, 5, 6) ⊟ M5–7, M20

45 Rubin Museum of Art

Mitten in Manhattan findet sich hier eine Ode an die Kultur des Himalaya. Skurril? Vielleicht, aber gerade deshalb sehenswert. Donald und Shelley Rubins Sammlung umfasst über 1000 Objekte (Malerei, Skulpturen, Textilien und rituelle Fundstücke). Mi (18–21 Uhr) findet im Café Sarai eine Happy Hour mit Live-Musik statt; Fr abends die K2 Lounge mit Tapas und DJ-Musik.

♱ 196 C3 ✉ 150 West 17th Street, zwischen 6th und 7th Ave ☎ 212/ 620-5000 ⊕ http://rubinmuseum. org ◷ Do–So 11–17 Uhr ♦ 15 $ ⊞ 14th Street (A, C, E); 14th Street/Union Square (N, Q, R, 4, 5, 6) ⊟ M5–7, M20

46 Chelsea

Joni Mitchells Song »Chelsea morning« beginnt mit den Worten »Woke up, it was a Chelsea morning And the first thing that I heard / Was a song outside my window / And the traffic wrote the words.« Damit erinnerte sich die Singer-Songwriterin an die 1960er-Jahre, als sie in diesem nördlich von Greenwich Village und südlich des Garment District gelegenen Stadtviertel ein Apartment bewohnte.

Der Pädagoge Clement Clark besaß im 19. Jh. einen Großteil der Grundstücke. In seinem Testament schränkte er die kommerzielle Nutzung des Gebietes ein, dadurch blieb viele historische Bausubstanz erhalten. Östlich von seinem Besitz, entlang der 6th Avenue und dem Broadway, war die »Ladies Mile« im 19. Jh. eine sehr beliebte Einkaufsgegend. Eines der ehemaligen Geschäfte (die heute luxuriöse Eigentumswohnungen beherbergen) ist der Hugh O'Neill Dry Goods Store (655–671 6th Avenue, nahe 21st Street), der inzwischen wieder um zwei stattliche Kuppeln reicher wurde.

Viele Galerien sind in den 1990er-Jahren nach Chelsea umgezogen, weil die Mieten in SoHo zu hoch wurden. Die meisten befinden sich westlich der 10th Avenue zwischen 22nd und 29th Street. Am bekanntesten sind Matthew Marks (523 West 24th Street) und Gagosian (555 West 24th Street).

Genial shoppen und essen kann man im <u>Chelsea Market</u> (75 9th Avenue) im einstigen Gebäude der Nabisco-Fabrik, wo die ersten Oreo-Kekse hergestellt wurden.

Chelsea ist heute ein beliebtes Wohnviertel bei der LGBTQ-Community.

✠ 196 B4 ✉ nördlich der 14th Street, westlich 6th Avenue, südlich der 23rd Street 🚇 14th Street (A, C, E, F, L, V, 1, 2, 3); 23rd Street (C, E, F, M, 1, 2, 3, 9) 🚌 M5–7, M10, M11, M14, M20–23

47 Hotel Chelsea

Bei seiner Fertigstellung im Jahr 1884 galt dies als eines der besten Apartmenthäuser der Stadt – zudem das erste mit einem Penthouse. 1905 wurde es in ein Hotel umgewandelt, das den Ruf hat, einige der hier wohnenden Künstler hätten ihre Rechnung mit Bildern beglichen, die jetzt in der Lobby hängen. Die <u>prominente Gästeliste</u> verzeichnet Namen wie Thomas Wolfe, Janis Joplin, Dylan Thomas, Leonard Cohen, Bob Dylan, Jimi Hendrix, Patti Smith und Robert Mapplethorpe, Patricia Highsmith, Sid Vicious, Christo und viele, viele andere. Diese Liste verschaffte dem Hotel einen ikonengleichen Status, konnte allerdings zuletzt kaum noch darüber hinwegtäuschen, wie heruntergekommen es im Inneren war.

Nun wird es schon seit einigen Jahren in ein Luxushotel umgewandelt. Eine Handvoll dort lebender Künstler wehrt sich jedoch noch immer dagegen, rausgeworfen zu werden.

✠ 196 C4 ✉ 222 West 23rd Street ☎ 212/243-3700 🌐 www.hotel chelsea.com 🚇 23rd Street (C, E, F, V, 1, 2) 🚌 M5–7, M10, M23

48 Chelsea Piers

Golfer schlagen ihre Bälle in die Netze über <u>Pier 59</u>, wo einst die Jungfernfahrt der »Titanic« hätte enden sollen. Die Driving Range grenzt ans südliche Ende des <u>Sport- und Freizeitparks</u> Chelsea Piers, wo man in einem Baseball-Schlagkäfig oder beim Bowling aktiv sein sowie sich beim Eislaufen, Felsklettern oder auch bei einem Kampfsport vergnügen kann.

✠ 196 A4 ✉ Piers 59–62, zwischen 16th und 23rd Street, Ecke West Side Highway ☎ 212/336-6666 🌐 www.chelseapiers.com 🚇 23rd Street/8th Avenue (C, E); 23rd Street/7th Avenue (1); 23rd Street/6th Avenue (F, M); Transfer zum M23 Bus nach Westen 🚌 M14, M23

Wohin zum …
Essen und Trinken?

Preise für ein 3-Gänge-Menü ohne
Getränke, Steuer und Trinkgeld:
$ unter 30 $
$$ 30–60 $
$$$ über 60 $

RESTAURANTS

Alidoro $

Winziger, traditionsreicher Sandwich Shop
mitten in Soho mit klassischen italienischen
Sandwiches aus garantiert frischen Würsten
und Käsen. Lieblings-Lunchspot für die umliegenden Kreativagenturen und Modebou-
tiquen. Am schönsten, wenn man im Früh-
ling auf der Bank vor dem Shop draußen
sitzen kann.
✚ 196 B1 ✉ 105 Sullivan St. ☎ 212/334-5179
⊕ www.alidoronyc.com ◷ tägl. 11.30–16 Uhr

Babbo $$

Toprestaurant in gepflegtem Ambiente.
Chefkoch Mario Batali bereitet wunderbare
Gerichte der italienischen Küche. Zu den
Spezialitäten gehören handgemachte gefüllte
Pasta und herzhafte Fleischgerichte. Exzellen-
te Weinkarte.
✚ 196 B2 ✉ 110 Waverly Place, zwischen 6th
Avenue und MacDougal Street
☎ 212/777-0303 ⊕ www.babbonyc.com
◷ Dinner: Di–Do 17–22, Fr, Sa 17–23, So, Mo
17–21 Uhr

Corner Bistro $

Einfache, beliebte Bar mit kleinem Speisesaal, in dem preiswerte, aber große und
köstliche Burger serviert werden. Die besten
Plätze sind vorne.
✚ 196 B3 ✉ 331 West 4th Street, Ecke 8th
Avenue ☎ 212/242-9502 ⊕ cornerbistrony.
com ◷ tgl. 8–12 Uhr

Gotham Bar & Grill $$

Das gefeierte Restaurant von Chefkoch Alfred Portale ist eines der besten
im Village. Highlights: das Alaska-Königs-
krabben-Risotto und das Grillsteak à la

New York. Der Drei-Gänge-Lunch zum Festpreis von 38 $ ist ein guter Deal.
✚ 196 C2 ✉ 12 East 12th Street, zwischen
5th Avenue und University Place ☎ 212/
620-4020 ⊕ www.gothambarandgrill.com
◷ Lunch: Mo–Fr 12–14.15, Dinner: Mo–Do
17.30–22, Fr 17.30–22, Sa 17–22.30, So
17–21.45 Uhr

Gramercy Tavern $$$

Chefkoch Michael Anthony ist bekannt für
seine verführerische, saisonal orientierte
Küche, Konditor Miro Uskokovic für seine
tollen Desserts. Das vegetarische Probier-
menü bietet eine breite Spanne kreativer
Gerichte. Außerdem gibt es ein vorzügliches
Käsebüfett.
✚ 197 D3 ✉ 42 East 20th Street, zwischen
Broadway und Park Avenue South ☎ 212/
477-0777 ⊕ www.gramercytavern.com
◷ tägl. 11.30–22 Uhr

Hangawi $$

Vegetarisches koreanisches Essen, das
überzeugt. Man sitzt auf Kissen an niedrigen
Tischen und isst wilde Bergkräuter, Wurzeln
und Porridge-Variationen. Das Mittagsmenü
zum Festpreis kostet 24 $.
✚ 197 E4 ✉ 12 East 32nd Street, zwischen
5th und Madison Avenue ☎ 212/213-0077
⊕ www.hangawirestaurant.com ◷ Lunch:
Mo –Fr 12–14.30, Sa 13–15, Dinner: Mo–Do
17.30–22.15, Fr 17.30–22.30, Sa 15–22.30,
So 17–21.30 Uhr

Hecho en Dumbo $$

Chefkoch Danny Mena verfeinert die
Küche seiner Heimatstadt Mexico City zu
»Antojitos«, kleinen Launen. Die zergehen

auf der Zunge. Die Plätze an der offenen Küche sind am besten, unbedingt die »Hearts of Palm Soup« probieren
✝ 196 C1 ✉ 354 Bowery, bei East 4th Street ☎ 929/234-2498 ⊕ www.hechoendumbo. com ❶ Brunch: Sa/So 11.30-16; Dinner: Mo-Do 17.30-23.30, Fr/Sa 17.30-24, So 17.30-23 Uhr

Il Buco $$$
Dank der gemütlichen Einrichtung – einer Kreuzung aus toskanischem Wohnzimmer und Antiquitätenladen – fühlt man sich hier sofort zu Hause. Aus der Küche duftet es herrlich, maritime Gerichte stehen an erster Stelle: Das Octopus-Carpaccio ist ein Dauerbrenner. Der Genuss beginnt bereits mit dem warmen Landbrot, das ins speziell fürs Il Buco produzierte Olivenöl aus Umbrien getaucht wird. Die Weinkarte gilt als eine der besten New Yorks.
✝ 196 C1 ✉ 47 Bond Street, Ecke Lafayette Street ☎ 212/533-1932 ⊕ www.ilbuco.com ❶ So 12-22, Mo 17.30-22, Di-Sa 12-23 Uhr

John's Pizzeria $
Hier gibt es mit die besten Pizzen in New York, frisch aus dem Steinofen, reich belegt, knusprig. Den Belag können Sie sich selbst zusammenstellen oder Sie ordern z. B. eine Pizza aus John's Classics. Die Bezahlung ist in der Pizzeria nur in bar möglich.
✝ 196 B2 ✉ 278 Bleecker Street, zwischen 6th Avenue und 7th Avenue South ☎ 212/243-1680 ⊕ https://www.johnsof bleecker.com ❶ So-Do 11.30-22, Fr, Sa 11.30-22 Uhr

Keens Steakhouse $$
Klassisches New Yorker Steakhaus, der Service ist top und das Essen ordentlich. Beste Wahl ist das »Legendary Mutton Chop«, ein beachtliches Hammelkotelett mit einzigartigem Geschmack, ganz nach Wunsch gebraten. Auf die Vorspeisen kann man verzichten.
✝ 198 C1 ✉ 72 West 36th Street, zwischen 5th und 6th Avenue ☎ 212/947-3636 ⊕ www.keens.com ❶ Mo-Fr 11.45-22.30, Sa 17-22.30, So 17-21.30 Uhr

Luke's Lobster $
Hier finden gerade mal acht Leute Platz. Trotzdem sollten Sie warten, bis etwas frei wird. Der frische Hummer aus Maine ist zart und delikat. Ein guter Deal zum Probieren: der »Taste of Maine«-Sampler mit Hummer-, Krabben- und Shrimpssandwiches, Soda und Pickles für 24 $.
✝ 197 E1 ✉ 93 East 7th Street ☎ 212/387-84 87 ⊕ http://lukeslobster.com ❶ So-Do 11-22, Fr/Sa 11-23 Uhr

Momofuku Noodle Bar $
Japanische Ramen-Nudeln in fetter Brühe mit frisch gehackten Frühlingszwiebeln, Zuckererbsen und Bambussprossen haben dieses erstklassige, aber unprätentiöse Lokal im East Village so beliebt gemacht. Sie können nach der Tageskarte oder auch à la carte bestellen oder Sie wählen ein Festpreismenü.
✝ 197 E2 ✉ 171 1st Avenue, zwischen 10th und 11th Street ☎ 212/777-7773 ⊕ https://momofukunoodlebar.com ❶ Mo-So 17-23 Uhr, Di, Mi geschl.

Moustache $
Dieses kleine Ladenrestaurant ist bekannt für vorzügliche orientalische Küche, darunter »Baba Ghanouj« oder »Chicken« oder »Lamm Kebab«. Die Käsepastete mit Petersilie und das frische Pitabrot direkt aus dem Ofen passen wunderbar zu den Salaten oder dem Sandwich mit Merguez-Bratwurst.
✝ 196 B2 ✉ 90 Bedford Street, zwischen Barrow und Grove Street ☎ 212/229-2220 ⊕ www.moustache pitza.com ❶ tägl. 12-23 Uhr

Shukette $$
Ultra-angesagtes mediterranes Bistro in Chelsea, in dem Chefköchin Ayesha Nurdjaja versucht, die Geschmäcker und das Ambiente der Märkte ihrer Heimatstadt Tel Aviv nachzustellen. Genauso sind die Atmosphäre und die Gerichte: lebendig, kräftig und garantiert eindrucksvoll. Unbedingt reservieren, Shukette ist extrem beliebt.
✝ 196 B4 ✉ 230 Ninth Avenue, West 24th Street ☎ 212/242-1803 ⊕ shukettenyc.com ❶ tägl. 17-23 Uhr

CAFÉS

Doma na rohu
Ein beliebtes und doch ruhiges Plätzchen
für einen Kaffee oder ein Sandwich. Sollten
Sie nicht direkt einen Tisch bekommen, bestaunen Sie die Kunst an den Wänden.
⚓ 196 B2 ✉ 27 Morton Street, Ecke 7th
Avenue ☎ 212/929-4339 🌐 http://doma
nyc.com 🕐 Mo/Di 8–23, Mi/Do 8–24, Fr 8–1,
Sa 9–1, So 9–22.30 Uhr

Irving Farm Coffee Roasters
Die Signature-Hausmischungen dieses gemütlichen Cafés werden auf der Farm des
Besitzers im Hudson Valley geröstet und
sorgen für Stammkundschaft.
⚓ 197 D3 ✉ 71 Irving Place, Nähe 19th Street
☎ 212/995-5252 🌐 http://irving farm.com
🕐 Mo–Fr 7–20, Sa/So 8–20 Uhr

Magnolia Bakery

Eine Bäckerei wie aus Omas Zeiten, die sich
auf Cupcakes spezialisiert hat. Neben den
bunten Minitörtchen gibt es auch klassische
US-amerikanische Leckereien wie den
»Kühlschrankkuchen« (mit Erdnussbutter
oder Pfefferminzgeschmack), den Karotten-
kuchen oder einen leckeren Bananenpud-
ding mit Nilla-Waffeln.
⚓ 196 B3 ✉ 401 Bleecker Street,
Ecke West 11th Street ☎ 212/462-2572
🌐 www.magnoliabakery.com
🕐 So–Do 10–22.30, Fr/Sa 10–23.30 Uhr

Café Mogador
Mezze mit Pitabrot und Couscous, aber
auch eine Auswahl an Sandwiches – Falafel,
Kebab oder Tunisian – erfreuen in diesem
seit 40 Jahren bereits bestehenden Café im
East Village.
⚓ 197 D1 ✉ 101 St. Mark's Place ☎ 212/677-
2226 🌐 www.cafemogador.com

BARS

Arthur's Tavern
Auf den ersten Blick ist das Lokal ein bisschen schäbig, aber die Atmosphäre lässt alte
Jazz-Zeiten wiederaufleben.
⚓ 196 B2 ✉ 57 Grove Street, Tel. 212/
414-4314 🕐 So–Do 17–2, Fr, Sa, 17–4 Uhr

Hudson Bar & Books
Die Bücherregale in dieser intellektuellen
Zigarrenbar liefern die perfekte Kulisse für
ein Glas Single Malt. Die Gäste kommen
überwiegend aus dem Village, es geht lebhafter und unprätentiöser zu, als Sie vielleicht erwarten.
⚓ 196 A3 ✉ 636 Hudson Street
☎ 212/229-26 42 🌐 www.barandbooks.net
🕐 Mo–Do 17–4, Fr, Sa 13–4, So 13–3 Uhr

McSorley's Old Ale House
Vor der Bestellung sollte man Joseph Mitchells Beschreibung dieses Pubs aus dem
19. Jh. lesen. Er ist der älteste, der seit seiner Eröffnung durchgehend in Betrieb ist. Es
gibt hauseigenes Bier und Snacks wie Burger
oder Cracker. Freitags und samstags ist es
oft sehr voll.
⚓ 197 D2 ✉ 15 East 7th Street, zwischen
2nd und 3rd Avenue ☎ 212/473-9148
🌐 https://mcsorleysoldalehouse.nyc
🕐 Mo–Sa 11–1, So 13–1 Uhr

Wohin zum ...
Einkaufen?

WEST VILLAGE

Bleecker Street und **Greenwich Avenue**
eignen sich gut für einen Einkaufsbummel.
Murray's Cheese (254 Bleecker Street) hat
das beste Käsesortiment weit und breit.
Liebhaber italienischer Pasta werden in der

Bleecker Street mit ihren zahlreichen Nudelgeschäften fündig. **Li-Lac Chocolates** (162 Bleecker Street) ist bekannt für die klassische selbst gemachte Schokolade.

Es gibt einige ausgefallene Geschäfte wie **Chess Forum** (219 Thompson Street), wo man Schachspiele kaufen oder auch nur eine Partie spielen kann. Bei **Teich Toys & Books** (573 Hudson Street) finden Sie Holzspielzeug, Bücher und Kuscheltiere. Gänzlich anderes Spielzeug für Erwachsene und Dessous gibt es bei **Pink Pussycat** (167 West 4th Street).

Generation Records (210 Thompson Street) hat die beste Sammlung guten alten Vinyls in der Stadt. Eine ihrer besten Adressen für Belletristik und Sachbücher ist **Three Lives & Co** (154 West 10th Street, Ecke Waverly Place), ein gemütlicher, gut sortierter Buchladen der alten Schule im Herzen des Village. **Le Fanion** (299 West 4th Street) ist der Spezialist für wunderbare französische Keramik.

EAST VILLAGE BIS UNION SQUARE

Im East Village gibt es viele einzigartige kleine Designerläden, die manchmal nur aus dem Besitzer mit seiner Nähmaschine und der neuesten Kollektion bestehen. Insbesondere haben sie sich in der **East 9th Street** zwischen Avenue A und 2nd Avenue, aber auch in der **East 5th**, **6th** und **7th Street** niedergelassen.

Für gepflegte Damen- und Herrenmode gehen Sie zu **Billy Reid** (54 Bond Street). **Bond 07** (7 Bond Street) führt innovative Designerlabels inklusive edler Accessoires (z. B. Selima-Sonnenbrillen).

Für eine imposante Auswahl an Popkultur und Spielzeug ist **Toy Tokyo** (91 Second Avenue, 1. Stock) der richtige Laden. Naturkosmetik gibt es bei **Kiehl's** (109 3rd Avenue). Sammler von neuen Comics sowie von verschiedenstem Science-Fiction-Krimskrams und von Animationsfilmen kommen bei **Forbidden Planet** (832 Broadway) auf ihre Kosten.

Sehr viele Möbelgeschäfte haben sich in der Gegend angesiedelt, besonders auf der **Bond Street** zwischen Lafayette Street und Bowery und auf der **Lafayette Street** zwischen Prince und Houston Street. Schöne alte Möbel sorgen bei **John Derian Dry Goods** (10 East Second Street, Nähe Bowery) für Aufmerksamkeit.

Klassische Antiquitätengeschäfte reihen sich an der **10th** und **11th Street**, University Place bis Broadway aneinander.

Das riesige **ABC Carpet & Home** (888 Broadway) ist mit einer erstaunlichen Auswahl alter und neuer Möbel und Kunsthandwerk vertreten.

Fishs Eddy (889 Broadway) verkauft hübsches altes Geschirr aus ehemaligen Restaurants und Hotels.

Bücherliebhaber finden heruntergesetzte und Secondhandtitel beim **Strand Bookstore** (828 Broadway). **Paragon** (867 Broadway, Ecke 18th Street) verkauft Sportartikel aller großen Hersteller.

Montags, mittwochs, freitags und samstags findet der **Union Square Greenmarket** (Abb. unten) statt, ein wahres Paradies aus Lebensmitteln und Blumen. Besonders sehenswert ist der Markt im Sommer, wenn die meisten Blumen blühen.

CHELSEA

In Chelsea finden Sie auf der **18th Street** zwischen 5th und 6th Avenue vor allem Läden, die gebrauchte Bücher und Platten verkaufen. Dazu gehört unbedingt **Academy Records & CDs** (415 East 12th St.) für Klassik- und Jazz-CDs. Bei **Books of Wonder** (42 West 17th St) stöbert man gerne nach alten und neuen Kinderbüchern.

Einige Blocks bieten regelrechte Ansammlungen guter und auch skurriler Läden, zum

Hier gibt's ordentlich was auf die Ohren: Live-Musik im Bitter End.

Beispiel in der **22nd Street**, zwischen der 7th und 8th Avenue.

Am Wochenende findet der **West 25th Street Flea Market** statt, ein Flohmarkt, der zwischen Broadway und 6th Avenue mit allerlei Krimskrams lockt. Seiner Anziehungskraft verdanken neue Restaurants und Antiquitätenläden ihr Entstehen.

Das **Chelsea Art & Antiques Building** (110 West 25th Street) beherbergt eine ganze Reihe von kleinen Läden, die alles Mögliche anbieten. Im siebten Stock des Bürogebäudes **236 West 26th Street** verbirgt sich eine Fundgrube für Musikliebhaber, das Jazz Record Center.

Trendige Herren werden bei **Letter J** (557 West 23rd Street, Ecke 11st Avenue) fündig. Kameras und Elektronikartikel kauft man günstig bei **B&H Photo-Video** (420 9th Avenue, zwischen 33rd und 34th Street).

Um die **West 20th** etablierten sich viele Galerien, Designerboutiquen und andere Geschäfte, in denen man immer etwas entdecken kann.

Wohin zum ... Ausgehen?

THEATER

Astor Place Theater

Die außergewöhnliche Blue Man Group führt hier ihre Show »Tubes« auf, mit Musik, Multimedia und viel Humor.

✛ 196 C2 ✉ 434 Lafayette Street
☎ 212/254-4371 ⊕ www.blueman.com

Classic Stage Company

Diese preisgekrönte Off-Broadway-Theaterkompanie inszeniert klassische Stücke auf eine erfrischend moderne Weise.

✛ 197 D2 ✉ 136 East 13th Street
☎ 212/677-4210
⊕ www.classicstage.org

La MaMa Experimental Theater

Die Geburtsstätte des experimentellen Theaters ist seit Langem im Geschäft.

✛ 197 D1 ✉ 74A East 4th Street
☎ 212/475-7710
⊕ www.lamama.org

New York Theatre Workshop

Junge Regisseure verdienen sich hier die ersten Lorbeeren.

✛ 197 D1 ✉ 79 East 4th Street
☎ 212/780-9037 ⊕ www.nytw.org

The Public Theatre

Präsentiert zeitgenössische Stücke.

✛ 196 C1 ✉ 425 Lafayette Street
☎ 212/539-8500 ⊕ www.publictheater.org

TANZ

Joyce Theater

Tänzer lieben diese tolle Bühne mit ausgezeichneter Sicht auf die Bühne.

✛ 196 B4 ✉ 175 8th Avenue
☎ 212/242-0800 ⊕ www.joyce.org

The Kitchen
Eine Küche für experimentellen Tanz und
Multimediainszenierungen.
✛ 196 A4 ✉ 512 West 19th Street
☎ 212/255-5793
🌐 www.thekitchen.org

PS 122
Performancekunst, Tanz und mehr in
unkonventionellen Aufführungen.
✛ 197 E2 ✉ 150 1st Avenue
☎ 646/909-7666 🌐 www.ps122.org

MUSIK

Bitter End
Joni Mitchell, Tracy Chapman und
andere starteten hier ihre Karriere.
✛ 196 B2 ✉ 147 Bleecker Street
☎ 212/673-7030 🌐 www.bitterend.com

Blue Note
In diesem kleinen, teuren Lokal treten
viele legendäre Jazzgrößen auf.
✛ 196 B2 ✉ 131 West 3rd Street
☎ 212/475-8592 🌐 www.bluenote.net

Irving Plaza
Immer eine gute Adresse für Rockmusik
im Ballsaalambiente.
✛ 197 D3 ✉ 17 Irving Place
☎ 212/777-6817
🌐 www.irvingplaza.com

The Groove
Funk und Blues geben hier den Ton an.
✛ 196 B2 ✉ 125 MacDougal Street
☎ 212/254-9393
🌐 www.clubgroovenyc.com

Joe's Pub
Berühmter Pub mit einer außerordentlichen
Bandbreite an Perfomances.
✛ 197 D2 ✉ 425 Lafayette Street
☎ 212/967-7555 🌐 www.joespub.org

Le Poisson Rouge
Trendige Location für Popkultur, Kunst, Musik und Tanz.
✛ 196 B2 ✉ 158 Bleecker Street
☎ 212/ 505-3474 🌐 http://lpr.com

Smalls Jazz Club
Underground-Jazz in einem oft sehr vollen
Club. Stellen Sie sich auf Stehplätze ein.
✛ 196 C3 ✉ 183 West 10th Street
☎ 646/476-4346 🌐 www.smallslive.com

Tao Downtown
Im Keller des Maritime Hotel am Rand des
hippen Meatpacking District legen internationale Top-DJs auf. Kleines Schwarzes und
Stöckelschuhe erwünscht. Männer mit
Sneakern brauchen es gar nicht erst
probieren.
✉ 369 W 16th Street ☎ 212.888.2724
🌐 https://taogroup.com/venues/
tao-downtown-nightclub-new-york
🕐 tägl. 11–4 Uhr

Village Vanguard
»Live at the Village Vanguard« ist ein Quali-
tätssiegel für Spitzenjazz!
✛ 196 B2 ✉ 178 7th Avenue South ☎ 212/
255-4037 🌐 www.villagevanguard.com

COMEDY UND KABARETT

Comedy Cellar
Plattform frei für frische Talente und Come-
dy-Veteranen.
✛ 196 B1 ✉ 117 MacDougal Street ☎ 212/
254-3480 🌐 www.comedycellar.com

Gotham Comedy Club
Berühmtheiten und Aufsteiger treten in diesem berühmten Club auf.
✛ 196 C1 ✉ 208 West 23rd Street ☎ 212/
367-9000 🌐 gothamcomedyclub.com

FILM

Angelika Film Center
Aktuelle US-amerikanische Independent-
und internationale Kunstfilme.
✛ 196 C1 ✉ 18 West Houston Street,
Ecke Mercr Street ☎ 212/995-2000
🌐 www.angelikafilmcenter.com

Village East
Mainstream- und Independentfilme.
✛ 197 D2 ✉ 189 2nd Avenue ☎ 212/529-6799
🌐 www.citycinemas.com/villageeast

»Going downtown«: Blick auf Lower Manhattan mit dem höchsten Wolkenkratzer der Stadt, dem One World Trade Center.

Lower Manhattan

Keine andere Stadt der Welt bietet auf so engem Raum eine so große Vielfalt an Sinneseindrücken wie New York. Und hier, an der Süd-spitze, fing einmal alles an.

Seite 132–163

Erste Orientierung

Lower Manhattan ist ein geschichtsträchtiger Ort. Im frühen 17. Jh. siedelten sich hier an der Südspitze der Insel die Holländer an. 1789 wurde New York als die erste Hauptstadt der Vereinigten Staaten in der Nähe der heutigen Börse ausgerufen. Die Vorfahren von Millionen Amerikanern kamen in den Jahren 1890 bis 1920 in Ellis Island an.

Es ist kaum zu schaffen, alle Sehenswürdigkeiten in Lower Manhattan an einem einzigen Tag zu besuchen. Ein absolutes Muss ist aber die Fahrt mit der Fähre zur Freiheitsstatue (Statue of Liberty) und nach Ellis Island. Planen Sie dafür mindestens vier Stunden ein. Nördlich der Spitze von Manhattan liegt die Wall Street, die Wiege der amerikanischen Wirtschaft, dahinter die City Hall und das wunderschöne Woolworth Building. Die historischen Schiffe und das Museum im South Street Seaport Historic District entschädigen für die starke Kommerzialisierung dieser Gegend. Weiter nördlich zieht die berühmte Brooklyn Bridge, zu Bauzeiten ein Wunder der Ingenieurskunst, die Blicke auf sich. Im Norden der Brücke liegt Chinatown, im Westen SoHo. Mit dem One World Trade Center (One WTC) steht hier das höchste Gebäude New Yorks – und der USA.

TOP 10
- **2** ⭐⭐ Statue of Liberty & Ellis Island
- **7** ⭐⭐ 9/11 Memorial & One WTC
- **10** ⭐⭐ SoHo

Nicht verpassen!
- **49** South Street Seaport Historic District

Nach Lust und Laune!
- **50** Staten Island Ferry
- **51** Western Waterfront
- **52** US Custom House and National Museum of the American Indian
- **53** Trinity Church
- **54** New York Stock Exchange
- **55** Wall Street Area
- **56** Woolworth Building
- **57** City Hall
- **58** Brooklyn Bridge
- **59** TriBeCa
- **60** Chinatown
- **61** Little Italy
- **62** Lower East Side
- **63** Lower East Side Tenement Museum

Hudson St
Varick St
Avenue of the Americas
West Houston St
East Houston St
Chrystie St
Forsyth St
Essex St
62
Lower East Side
Williamsburg Bridge (Toll)
Spring St
Little Italy
10
SoHo
61
Delancey St
Bowery
Grand St
Broome St
Broadway
Lafayette St
Centre St
Grand Street
63
Lower East Side Tenement Museum
Canal Street
Canal St
Canal St
Chambers
Canal St
St
Bowery St
East Broadway
Rutgers St
Franklin D. Roosevelt Drive
Hudson St
West Side Highway
Columbus Park
60
Chinatown
TriBeCa
59
Franklin St
Church St
Broadway
St. James Place
Manhattan Bridge
Elevated Highway
Chambers St
Chambers St/ Centre St
Woolworth Building
56
57
City Hall
Brooklyn Bridge
Brooklyn Bridge
58
World Trade Center
9/11 Memorial & 1 WTC
7
Fulton St
Fulton St
Water St
South Street Seaport Historic District
49
World Financial Center
Broadway
Fulton St
Elevated Highway
Trinity Church
Broad St
53
Wall St/ William St
Rector St
54
55
N.Y. Stock Exchange
Wall Street Area
Bowling Green
US Custon House and National Museum of the American Indian
52
Western Waterfront
51
Battery Park
State St
South Ferry
50
Staten Island Ferry
2
Statue of Liberty & Ellis Island

Mein Tag am Wasser

Am Wasser hat alles begonnen: Hier strömten die ersten Immigranten von Schiffen in die Neue Welt – entdecken Sie die etwas maritimere Seite der Stadt direkt aus dem Kajak heraus oder beim Bummel entlang der vielen Parks am Ufer.

6 Uhr: Guten Morgen, Lady Liberty

Früh aufstehen lohnt sich. Kommen Sie für den Sonnenaufgang zum Battery Park an die südliche Spitze von Manhattan und saugen Sie die ungewohnte Ruhe der sonst so lauten und quirligen Metropole auf. Hier treffen Hudson und East River aufeinander, die Wellen zaubern sanfte Hintergrundmusik, die aufgehende Sonne schimmert im Wasser und lässt die ❷ ★★ Freiheitsstatue glänzen, während in Ihrem Rücken unter den funkelnden Glasfassaden die Stadt langsam zum Leben erwacht. Dieses Schauspiel werden Sie gern erst einmal in aller Ausführlichkeit genießen wollen, ehe Sie sich dann weiter auf den Weg machen.

8 Uhr: Gewaltige Wassermassen

Neun Meter fällt das Wasser an den beiden Brunnen des ab 7.30 Uhr für die Öffentlichkeit zugänglichen ❼ ★★ 9/11 Memorial in die Tiefe – es kreiert eine beruhigende und zugleich nachdenklich stimmende Aura mitten in New Yorks wuseligem Finanzviertel. Gleich daneben ragt der neue Turm des ❼ ★★ One World Trade Centre auf. Stärken Sie sich vor der Aufzugfahrt in den 102. Stock mit Kaffee, einem Sandwich oder einem frisch gepressten Saft bei Joe & The Juice im Parterre des Towers (WTC 185 Greenwich St.). Danach genießen Sie den atemberaubenden Ausblick auf den Fluss und das Meer aus Wolkenkratzern.

12 Uhr: Kajak, ahoi!
16.30 Uhr: Das lustige Leben am Wasser
200 m
200 yd
West St
Canal Street
Chambers St
Hudson St
Pier 26
12 Uhr
Pier 25
West Side Highway
Greenwich St
Church St
Broadway
Columbus Park
.30 Uhr: Unter eißen Flügeln
BATTERY PARK CITY (U.C.)
St. James Place
Manhattan Bridge
Rutgers St
Elevated Highway
8 Uhr: Gewaltige Wassermassen
10.30 Uhr
7
8 Uhr
World Financial Center
Broadwa
MANHATTAN
Ende
Water St
49
15.30 Uhr
South St
16.30 Uhr
53
Wall St
54
55
Pier 16
14 Uhr: Paddeln macht hungrig
14 Uhr
Start
15.30 Uhr: Eintauchen in den Finanzwahnsinn
Battery Park
6 Uhr
2
Statue of Liberty & Ellis Island
6 Uhr: Guten Morgen, Lady Liberty

Die Wellen geben den Takt vor: Ob mittags oder gegen Abend – im Kajak genießt man die Skyline noch mal ganz anders. Rechts: Happy Hour im Southstreet Seaport Historic District.

10.30 Uhr: Unter weißen Flügeln

Ein neues visuelles Herzstück der WTC-Anlage ist der weiße Bau des Architekten Santiago Calatrava. Lange war diese Gegend Brachland für Kunst und Kommerz, doch der Financial District feiert mit der großen Mall ein Comeback voll von geschäftigem Buzz. Calatravas Oculus erinnert an die ausgebreiteten Flügel einer weißen Möwe, die Ihnen hier unten so nah am Wasser auch real begegnen kann.

12 Uhr: Kajak, ahoi!

Der Blick auf Manhattan ist eigentlich immer schön, aber im eigenen Rhythmus entspannt über die Wogen des Hudsons zu gleiten, die aufragenden Hochhäuser neben sich, bringt Ihnen die Stadt auf eine ganz neue Weise näher. Kajakvermieter wie The Downtown Boathouse am Pier 26 (https://hudsonriverpark.org/locations/pier-26) verleihen die Gefährte samt Schwimmwesten. Die Wellen geben den Takt vor, genießen Sie die Aussicht! Tipp: Kommen Sie in legeren Sportklamotten und bringen Sie etwas Trockenes (und eine Tüte für die eventuell klammen Sachen) zum Umziehen mit. Das können Sie während Ihrer Tour am kleinen Bootshaus lassen, um später in trockenen Sachen weiterzuspazieren.

14 Uhr: Paddeln macht hungrig

Wenn Sie am Wasser entlang wieder Richtung Süden gehen, stoßen Sie

auf das malerische weiße Pier A Harbor House (www.piera.com). Vier Bars und eine riesige Terrasse sind perfekt für einen Open-Air-Lunch mit Sicht auf Ellis Island.

15.30 Uhr: Eintauchen in den Finanzwahnsinn

Frisch gestärkt können Sie es nun, an der 53 Trinity Church vorbei, mit dem geschäftigen Treiben an der 55 Wall Street aufnehmen. Statten Sie vorher kurz den beiden Bronzestatuen am Broadway einen Besuch ab: »Charging Bull« von Bildhauer Arturo Di Modica ist ein Symbol der Finanzwelt, »Fearless Girl« der Künstlerin Kristen Visbal steht mit trotzigem Gesichtsausdruck davor und wurde zur Ikone im Kampf um Gleichberechtigung.

Die Wall Street an sich ist schmal, kurz und oft von Baustellen gesäumt – viel Zeit müssen Sie hier also nicht einplanen. Gehen Sie lieber bis zur Water Street und dann in Richtung South Street Seeport, auf die andere Seite der Inselspitze.

16.30 Uhr: Das lustige Leben am Wasser

Überrascht über den plötzlichen Stimmungswechsel? Sobald Sie den Fuß auf das Kopfsteinpflaster des Hafenviertels setzen, fällt jegliche Finanzwelt-Anspannung ab. Lassen Sie sich treiben und vielleicht sogar zu einer Hafentour auf dem Zweimastschoner »Pioneer« von 1885 auf den East River entführen – das wäre dann gleich der perfekte Happy-Hour-Platz für einen Weißwein.

❷ ★★ Statue of Liberty & Ellis Island

Für Millionen Einwanderer, die per Schiff in die Vereinigten Staaten kamen, war die Freiheitsstatue das Erste, was sie von der Neuen Welt sahen. Doch bevor sie an Land gehen durften, mussten sie sich erst auf Ellis Island befragen und untersuchen lassen.

Auf einer Dinnerparty 1865 in Paris wetterte der Rechtswissenschaftler Édouard René Lefebvre de Laboulaye gegen Napoleon III. Um den absolutistisch herrschenden Regenten zu ärgern, kam er auf die Idee, den Amerikanern eine Statue zu schenken. Mit ihr wollte er seine Begeisterung für die amerikanische Revolution ausdrücken – »die Vollendung der Französischen Revolution jenseits des Atlantiks«. Entworfen wurde die Statue, unter deren Kleid sich ein Stahlgerüst von Gustave Eiffel verbirgt, von dem Bildhauer Frédéric-Auguste Bartholdi, einem Freund de Laboulayes.

Blick auf Ellis Island: Mehr als 40 Prozent aller Amerikaner stammen von hier angekommenen Einwanderern ab.

Ursprünglich sollte sie zur Hundertjahrfeier der am 4. Juli 1776 proklamierten amerikanischen Unabhängigkeitserklärung aufgestellt werden. Es dauerte dann aber noch zehn weitere Jahre, bis sie am 28. Oktober 1886 auf Bedloe's Island (heute: Liberty

Island) im New Yorker Hafen enthüllt werden konnte. Nicht frei von Ironie war es dabei, dass keine Frauen eingeladen waren, um das (immerhin weibliche) Symbol der Freiheit feierlich einzuweihen. Einige von Lillie Devereux Blake angeführte Suffragetten ließen es sich trotzdem nicht nehmen, dicht an den geladenen Gästen vorbeizusegeln, um den Honoratioren zuzurufen, dass Freiheit auch gleiche Rechte für Frauen bedeute.

Die Mutter des Bildhauers stand Modell für das Gesicht der Freiheitsstatue.

Land of Hope: Ellis Island

Während die Freiheitsstatue die Hoffnungen und Sehnsüchte der Neuankömmlinge verkörpert, zeigt Ellis Island eher die ernüchternde Realität. Nachdem sie das Geld für die Überfahrt in der dritten Klasse oder im Zwischendeck zusammengekratzt hatten, erreichten die meisten Einwanderer New York ohne Geld und häufig krank von der Reise. Die Passagiere der ersten und zweiten Klasse wurden an Bord abgefertigt und durften direkt nach Manhattan, die Ärmeren mussten erst nach Ellis Island. Ein Sechstel von ihnen wurde jedoch über Tage oder sogar Wochen hingehalten, zwei Prozent mussten wieder den Weg zurück in ihre Herkunftsländer antreten. Zu denen, die regelmäßig zurückgehalten wurden, gehörten alleinstehende Frauen. Man befürchtete, dass sie von der Wohlfahrt abhängig oder in die Prostitution abgleiten würden.

KLEINE PAUSE

Das **Ellis Cafe** neben dem Gift Shop von Ellis Island ist eher ein nüchterner Schnell-Imbiss, allerdings mit guten Snacks wie Humus-Dips, Hühnchen-Wraps, Sandwiches und frisch gepressten Säften. Das **Crown Cafe** am Fuß der Freiheitsstatue ist eine von zwei Food-Optionen auf Liberty Island. Hier wie da gilt: Nehmen Sie Snack und Kaffee lieber »to go« und genießen dies mit Blick auf das schöne Panorama.

✝ 194 A1 ✉ Liberty Island, Ellis Island ☎ 212/363-3200 (Statue); 212/269-5755 (Fahrplan der Fähre und Ticketvorverkauf) ⊕ www.nps.gov/stli ◑ tägl. 9.30–17 Uhr (im Sommer morgens früher und abends länger); geschlossen 25. Dez. ♣ frei; Fahrt mit der Fähre: 18,50 $ 🚇 Bowling Green (4, 5), South Ferry (1) 🚌 M1, M6, M9, M15, M20

❼ ★★ 9/11 Memorial & One WTC

Was?	Die wohl mit den meisten Emotionen belastete Sehenswürdigkeit der Stadt und das höchste Hochhaus der USA
Warum?	Zum Gedenken, aber auch, um nach vorne zu blicken
Wann?	Der Blick vom Observatory im One WTC ist frühmorgens oder zum Sonnenuntergang am schönsten
Wie schnell?	Eine Fahrt in den 102. Stock dauert unglaubliche 47 Sekunden
Was noch?	Auch das 9/11 Memorial Museum lohnt einen Besuch

Die Terroranschläge von 9/11 haben sich tief ins Bewusstsein der Stadt eingegraben. Die Geschehnisse an Ground Zero zeigten aber auch, was die New Yorker besonders gut können: aufstehen, weitermachen. Dementsprechend quirlig, strahlend und aufregend geht es mittlerweile auch wieder an der einstigen Unglücksstelle zu.

Rechte Seite: New Yorks Skyline mit dem One WTC im schönsten Glanz

Wo einst die Zwillingstürme in den New Yorker Himmel ragten, fallen heute Wassermassen neun Meter hinab in die beiden riesigen Brunnen des 9/11 Memorial. Und: Die Spitze Manhattans hat wieder einen leuchtenden Höhepunkt – das One World Trade Center (One WTC). Der imposante Turm ist Orientierungshilfe, mahnende Erinnerung und Symbolfigur zugleich, denn die Höhe von 1776 Fuß (über 541 Meter) spielt auf das Jahr der amerikanischen Unabhängigkeitserklärung an. Der Skyscraper erinnert natürlich unwillkürlich daran, was Lower Manhattan am 11. September 2001 zum Trümmerhaufen machte: Zwei Flugzeuge prallten in die beiden World-Trade-Center-Türme und brachten sie zum Einstürzen. Entsetzt blickte die Welt auf ein gelähmtes New York und dessen fassungslose Bewohner. Doch die New Yorker sind zäh, das bewiesen die Menschen auch nach diesen Terroranschlägen. Man half sich, räumte auf – die Stadt erkämpfte sich ihre Energie wieder zurück. Vergessen aber will man nicht. Am 9/11 Memorial zeichnen deshalb die beiden riesigen Becken die Umrisse der früheren Zwillingstürme nach.

9/11 Memorial: In den Beckenrand sind die Namen der Ermordeten von 9/11 eingraviert (links); ganz oben eine Gesamtansicht des Areals mit dem sich zwischen den beiden Pools erhebenden Memorial Museum. Oben: Im Inneren des Museums.

Die Gedenkstätte heißt »Reflecting Absence« (»Nachdenken darüber, was fehlt«). Der Name ist nicht zuletzt eine Anspielung auf die reflektierende Oberfläche des Monuments. Rund um die Becken wurden die Namen der fast 3000 Opfer in Bronze graviert. Wo sich im Jahr 2001 Schutt und Asche türmten, wachsen nun über 400 Bäume.

Allerdings blieben weder das Mahnmal noch das One World Trade Center von Machtkämpfen verschont. Der Bau des funkelnden Himmelsstürmers zog sich wesentlich länger hin als zunächst geplant, die Architekten wurden ausgewechselt. Vom ursprünglichen Konzept Daniel Libeskinds blieb wenig mehr übrig als die Idee der »symbolischen Höhe«.

Auch über den Namen des schließlich nach den Plänen von David Childs fertiggestellten Turms war man sich lange uneinig. Während die meisten New Yorker immer noch vom »Freedom Tower« sprechen, lautet die offizielle Bezeichnung schlicht nach seiner Adresse: »One World Trade Center«. Hoch oben bietet das One World Observatory sagenhafte 360-Grad-Blicke über die Stadt – das sollten Sie unbedingt noch einplanen.

Memento mori

Nicht verpassen sollten Sie auch einen Besuch des 9/11-Memorial Museum, das sich dem World Trade Center und den Ereignissen des 11. September 2001 widmet (www.911memorial.org/museum; tägl. 10–17 Uhr; 26 $), sowie den der Galerieräume des 9/11 Tribute Center (120 Liberty Street; Tel. 866/737-11 84; http://911tributemuseum.org; 15 $) mit Bildern, Videos und Augenzeugenberichten.

Phoenix aus der Asche?

Direkt unter dem One WTC erinnern die weißen Schwingen des Oculus den Betrachter wahlweise an eine Möwe oder an den mythischen Vogel Phoenix: Der fast vier Mrd. US-Dollar teure neue Bahnhof des spanisch-schweizerischen Architekten Santiago Calatrava gewährt Zugang zu elf U-Bahnlinien in Manhattan und birgt auch eine riesige elegante Mall mit diversen Shops, Cafés und Restaurants.

Ein weiteres architektonisches Highlight schwingt direkt unter dem One WTC seine weißen Flügel auf: »Oculus«, Calatravas spektakulärer Bahnhof.

KLEINE PAUSE

Der **Blue Bottle Coffee Shop** im Westfield World Trade Center (dem Oculus) kommt höheren Kaffeeansprüchen nach (150 Greenwich Street, tägl. 7–19 Uhr).

✝ 194 B2/3
✉ One World Trade Center; 117 West Street ☎ 2844/696-1776
🌐 oneworldobservatory.com
🕐 Juni–Sept tägl. 9–24, Okt–Mai 9–20

Uhr, letztes Ticket 19.15 Uhr
🎫 34 $ 🚇 Fulton Street (A, C, J, Z, 2, 3, 4, 5) 🚇 World Trade Center (E); M5, M20, M22

❿ ★★ SoHo

Was?	Eines der schönsten Viertel der Stadt – die perfekte Mischung aus ansprechenden Bauten, Kunst und Shopping
Warum?	Weil die Lage mit Chinatown, Little Italy und TriBeCa perfekt ist als Start für weitere Entdeckungen
Wann?	Unter der Woche immer – aber bloß nicht am Wochenende, da ist es viel zu voll
Wie lange?	Mindestens zwei Stunden, aber gern auch den ganzen Tag

Das Viertel SoHo hat schon viele Höhen und Tiefen erlebt. Das einstige Handwerker- und Kontorviertel verfiel mit dem Niedergang des New Yorker Hafens und erstand als Künstler- und Galerienviertel wieder auf. Es folgten teure Boutiquen, von denen jedoch viele die Covid-19-Pandemie nicht überlebten.

SoHo steht für »South of Houston Street«. Letztere bildet die nördliche Grenze des Areals, die südliche Grenze ist die Canal Street. An der Ostseite wird das historische Viertel von der Crosby Street begrenzt, im Westen vom West Broadway. Ein kurzer Spaziergang vorbei an Galerien, topaktuellen Läden und schönen Häusern zeigt, wie attraktiv SoHo mittlerweile ist. Vom Künstler-Boom der späten 1970er- und 1980er-Jahre zeugen bis heute Galerien wie Deitch Projects (76 Grand Street, 212/343–7300; www.deitch.com; Di–Sa 12–18 Uhr), wo schon Werke von Yoko Ono und Keith Haring gezeigt wurden, oder der New York Earth Room (141 Wooster Street; www.diaart.org; Mi–So 12–18 Uhr; frei) mit Konzeptkunstwerk von Walter De Maria. Originelle Antiquitätenläden warten ebenso auf Besucher wie Edeldesigner à la Prada und Dolce & Gabbana. Ein Spaziergang vorbei an topaktuellen Läden und schönen Häusern führt von der Houston Street südlich über den Broadway, an der Broome Street rechts, dann im Zickzack zwischen Prince und

SoHo ist ein Paradies für Freunde von Designermode.

Grand Street entlang von Mercer, Greene und Wooster Street sowie dem West Broadway.

Die schönsten alten Gebäude der Stadt

Typisch für das Viertel sind die »Cast Iron Buildings« – Häuser mit gusseisernen Fassaden aus dem 19. Jahrhundert. Verwendet wurde das Material, weil es günstiger war – und weil man dachte, es sei feuerfest. Tatsächlich fing das Gusseisen zwar kein Feuer, aber wenn die Holzfußböden eines Hauses brannten, schmolz es. Als man dann in den 1890er-Jahren damit begann, Hochhäuser mit Stahlskelettrahmen zu konstruieren, endete die Ära der Cast Iron Buildings.

Einige Highlights: Das von Ernest Flagg im Jahr 1903 für die Singer Manufacturing Company geschaffene Little Singer Building auf der Westseite des Broadway gilt als Vorläufer der Wolkenkratzer der 1950er-Jahre. Das Haughwout Building, ältestes Gusseisengebäude von SoHo, steht am Ende des nächsten Blocks. Im Jahr 1857 erbaut, montierte Elisha Graves Otis, der Gründer der Aufzugsfirma, hier seinen ersten dampfbetriebenen Fahrstuhl. Ein roter Backsteinblickfang ist das Puck Building an 295 Lafayette Street. Eine vergoldete Statue des Puck schmückt die Fassade. Hier wurde einst die US-amerikanische Version des Satiremagazins »Puck« herausgegeben. Planen Sie auch einen Abstecher ins New Museum, einen der besten Ausstellungsorte der Stadt für innovative zeitgenössische Kunst (235 Bowery, 212/219-1222; www.newmuseum.org; Di–So 11–18, Do bis 21 Uhr; 18 $).

Das Little Singer Building ist einer der schönsten Bauten mit gusseiserner Fassade.

KLEINE PAUSE

Genießen Sie einen Kaffee und ein Sandwich in literarischer Umgebung: im größten unabhängigen Buchladen New Yorks, dem **Mc Nally Jackson.** Bücher aus dem Regal zu nehmen und zu schmöckern ist erlaubt (52 Prince Street, Tel. 212/274-1160, www.mcnallyjackson.com).

✢ 195 D5 🚇 Spring Street (C, E, 6); Prince Street (N, R); Broadway/ Lafayette (B, D, F, M, Downtown 6); Bleecker Street (6) 🚌 M1, M6, M21

㊾ South Street Seaport Historic District

Was?	Freilichtmuseum? Einkaufszentrum? Themenpark? Suchen Sie sich was aus …
Wo?	In perfekter Lage am Wasser mit Blick auf die Brooklyn Bridge
Wie?	Gern auch mit einer Tour durch die Museen
Warum?	Weil selbst eine moderne Stadt wie New York ein altes Herz hat

Das einstige »Eingangstor« nach New York ist heute ein großer Spielplatz für Kinder mit riesigen Schiffen und Events am Wochenende. Und für die Großen? Ein atmosphärischer Ort mit Bars und Restaurants.

Im 18. und in der ersten Hälfte des 19. Jahrhunderts war dies der geschäftigste Hafen Amerikas. Doch in den 1860er-Jahren, als sich der Übergang von der Segel- zur Dampfschifffahrt vollzog, verlagerte sich die Hafentätigkeit vom Ostufer auf die Westseite Manhattans zum Hudson, wo Schiffe mit größerem Tiefgang anlanden konnten und es ausreichend Platz für den Bau großer Piers gab. Das Viertel an der East Side verfiel, nur der Fischmarkt blieb noch erhalten. Später hat man das Viertel dann liebevoll restauriert und in ein »Living History

Alte Schiffe und moderne Architektur prägen den District südlich der Brooklyn Bridge.

Museum« umgewandelt. Seit ein paar Jahren möbeln moderne Projekte die Anlage auf, aber den romantischen Charakter machen eben doch die schönen alten Bauten aus! Schlendern Sie einfach durch die Sträßchen. Das <u>South Street Seaport Museum</u> gibt Ihnen zudem einiges an Info mit auf den Weg.

Die Einrichtungen dieses Museums sind über den Bezirk verstreut. Die Highlights: Neben einer Ausstellung von Ozeanriesen und Erinnerungsstücken in der <u>209 Water Street</u> lohnt sich vor allem die Besichtigung des <u>Bowne Print Shops</u>, die Nachbildung einer Druckerei aus dem 19. Jh. Im angrenzenden Shop gibt es eine schöne Auswahl alter Drucke als Souvenir (207–211 Water Street; tägl. 11–19 Uhr; Eintritt frei). Die Gebäude der <u>Schermerhorn Row</u> wurden im frühen 19. Jh. im neoklassizistischen Stil erbaut. Hier im Visitor Center können Sie ein Kombiticket für die Ausstellungen und die Schiffe kaufen.

Vor dem South Street Seaport Museum: Erinnerung an lange vergangene Tage

Schöner Rundgang

Auf keinen Fall sollten Sie auf einen Rundgang am <u>Pier 16</u> verzichten! Die Schiffe, die besichtigt werden können, wechseln häufig. Unter anderem liegt hier meist die <u>Ambrose</u>, ein Feuerschiff von 1908. Im Sommer lädt der Zweimastschoner »Pioneer« von 1885 zu einer Hafentour ein. Die »Peking«, ein Viermaster aus dem Jahr 1911, ist nach über 40 Jahren in ihre Heimat zurückgekehrt. Als Ersatz liegt nun die <u>Wavertree</u> vor Ort, ein 1885 in England gebauter Windjammer und das größte erhaltene eiserne Vollschiff.

KLEINE PAUSE

Das **The Paris Cafe** ist eine alteingesessene Bar, mit einfachen Snacks und grandiosen Ausblicken über den Fluss (119 South Street, Peck Slip, Tel. 646/846-6270, www. pariscafenyc.com).

✠ 194 C2 ✉ South, Ecke Fulton Street ▯ Fulton Street/Broadway-Nassau
☎ 212/732-7678 ⚓ frei (Pier 17) (A, C, J, M, Z, 2, 3, 4, 5) ▯ M15

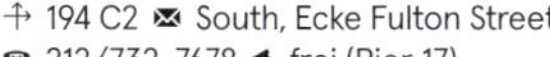

Nach Lust und Laune!

50 Staten Island Ferry

Das billigste Vergnügen in New York ist die kostenlose 25-minütige Fahrt mit der Fähre von Manhattan nach Staten Island. An einem klaren Tag sieht man im Westen die Freiheitsstatue und im Nordosten bis weit hinter die Brooklyn Bridge. Wenn Sie in Staten Island nicht nur aussteigen, lohnt sich ein Besuch des Snug Harbor Cultural Center.

⚓ 194 B1 ✉ am Ende der Whitehall Street, östlich des Battery Park
☎ 718/815-2628 🌐 www.siferry.com
🚶 frei 🚇 Bowling Green (4, 5); South Ferry (1); Whitehall Street (R, W) 🚌 M1, M6, M9, M15

51 Western Waterfront

New York war einst Amerikas wichtigster Handelshafen. Aber weil die Hafenbetreiber nach dem Zweiten Weltkrieg die Anlagen nicht modernisieren ließen (so fehlt z. B. eine Abfertigung für Containerschiffe), ging der Umsatz zurück. Inzwischen wurden weite Flächen am Hafen in Parks umgewandelt. Vom schiffsähnlichen Aussichtsplateau aus roten Ziegelsteinen im Robert F. Wagner Jr. Park, knapp nördlich vom Battery Park, hat man an klaren Tagen einen faszinierenden Blick auf den New Yorker Hafen und New Jersey. Am Nordrand des Wagner Park liegt das eindrucksvolle Museum of Jewish Heritage (36 Battery Place, Tel. 646/437-4202; www.mjhnyc.org), in dem zuletzt eine viel beachtete Ausstellung zu Auschwitz zu sehen war.

⚓ 194 A1 🚇 South Ferry (1)
🚌 M1, M6, M9, M15

52 US Custom House and National Museum of the American Indian

Als der Architekt Cass Gilbert dieses Meisterstück zu Beginn des 20. Jh.s entwarf, stand Manhattans Hafen noch in voller Blüte. In der Zeit vor der Erhebung der Einkommensteuer (1913) trugen die Einfuhrzölle viel zum Staatshaushalt bei. Im Erdgeschoss und im ersten Stock befindet sich der Eingang zu dem Museum, das Kultur, Leben und Geschichte der amerikanischen Ureinwohner präsentiert.

⚓ 194 B1 ✉ 1 Bowling Green, Anfang Broadway ☎ 212/6336-644
🌐 www.nmai.si.edu 🕐 tägl. 10–17 (Do bis 20 Uhr); geschl. 25. Dez. 🚶 frei
🚇 Bowling Green (4, 5); Whitehall Street (R, W) 🚌 M1, M6, M9, M15, M20

53 Trinity Church

Trinity ist die älteste noch bestehende Kirche von Manhattan, die erste Version entstand hier 1698. Hier wurde im Jahr 1804 der Politiker Alexander Hamilton nach seinem verlorenen Duell gegen Aaron Burr, Vizepräsident der Vereinigten

Sonnengruß mit Skyline-Blick

Nach einem prall gefüllten Tag im Trubel der Stadt mutet die Aussicht auf eine Stunde Zen geradezu himmlisch an. Einfach die Matte ausbreiten, entspannen und die Skyline genießen. Yoga gehört zu den Lieblings-Work-outs geschäftiger New Yorker, und verbunden mit einer frischen Prise City-Vibe werden Sie klassische Übungen wie Sonnengruß, Brücke oder Kopfstand ganz neu erleben. Das Schönste kommt aber noch: In vielen Parks der Stadt werden kostenlose Open-Air-Sessions angeboten – im Battery Park beispielsweise erklingt mittwochs um 18.30 Uhr das Auftakt-Ommm.

Staaten, beerdigt. In der Nähe erinnert ein Gedenkstein an Robert Fulton, der das erste funktionstüchtige Dampfschiff baute.

In der Vorweihnachtszeit wird hier traditionell Händels »Messias« aufgeführt – ein echtes New Yorker Weihnachtsritual.

+ 194 B2 ✉ 74 Trinity Place, Ecke Broadway ☎ www.trinitywallstreet. org ⊗ Wall Street (4, 5) 🚌 M1, M6

54 New York Stock Exchange

Vor 200 Jahren wurden die ersten Geschäfte unter einem Baum abgewickelt, ganz in der Nähe des Gebäudes von 1903, das heute mit seinen wuchtigen Säulen Respekt einflößend die Straße beherrscht. Auf dem Parkett der wichtigsten Börse der Welt findet jedoch kaum mehr nennenswerter Handel statt. Die meisten Deals werden heute online getätigt.

+ 194 B2 ✉ Wall Street, Ecke Broad Street ☎ 212/656-3000 ⊕ www.nyse. com ⊗ Wall Street (2, 3, 4, 5); Broad Street (J, M, Z) 🚌 M1, M6

55 Wall Street Area

Die Wall Street, ein Synonym für die US-amerikanische Wirtschaft, wurde nach der Mauer benannt, die die Holländer 1653 errichteten, um sich vor den Angriffen der Indianer und englischen Eindringlinge zu schützen. Die Mauer nützte nicht viel: Elf Jahre später eroberten die Engländer die Stadt. Die größte Attraktion ist heute die Börse (New York Stock Exchange). Ausgefallen sind die Führungen, die von ehemaligen

Blick auf die New Yorker Börse: Eingang zum Finanzzentrum der Welt

Börsianern angeboten werden. Treffpunkt ist an der Broad Street 15
(Tel. 212/608-0130; www.thewall
streetexperience.com).

✢ 194 B2 ⊠ Wall Street (2, 3, 4, 5);
Broad Street (J, M, Z) ⊟ M1, M6;
Federal Hall National Memorial:
✉ 26 Wall Street, Ecke Nassau Street
☎ 212/825-6990 ⊕ www.nps. gov/
feha ⊘ Mo–Fr 9–17, Führungen 10, 13,
14 und 17 Uhr ✦ frei

56 Woolworth Building

Für das Hauptquartier von Frank W.
Woolworths Kaufhauskette schuf
der Architekt Cass Gilbert eine 1910
bis 1913 errichtete »Kathedrale des
Kommerzes« in Form eines
29 Stockwerke hohen Unterbaus
mit einem darauf gesetzten, weitere
28 Stockwerke hohen Turm. Mit
241 Metern Höhe war es 27 Jahre
lang, bis zur Fertigstellung des
Bank of Manhattan Building (heute
40 Wall Street), das höchste Gebäude der Welt. Sein Bau kostete den
Eigentümer 13,5 Mio. $, die er bar
bezahlte. Leider haben Besucher aus
Sicherheitsgründen keinen Zutritt.

✢ 194 B3 ⊠ 233 Broadway, Ecke Park
Place ⊟ City Hall (R, W);
Park Place (2, 3); Fulton Street/
Broadway-Nassau (A, C, J, M, Z, 2, 3,
4, 5) ⊟ M1, M6, M

57 City Hall

New Yorks anmutiges Rathaus thront
am Rande eines dreieckigen Parks,
an dem Manhattans berühmte Kon-
fettiparaden enden. Die Rückseite
des dreistöckigen Gebäudes war ursprünglich mit Sandstein verkleidet,
denn noch im Jahr 1802 konnte man
sich nicht vorstellen, dass sich New
York nördlich der Fulton Street ausbreiten würde. Deshalb wollten die
sparsamen Stadtväter kein Geld für
Marmor verschwenden, den keiner
sehen würde. Mitte des letzten Jahrhunderts wurde das ganze Gebäude
neu mit Kalkstein verkleidet.

✢ 194 C3 ⊠ Broadway, Ecke Park Row
⊟ Brooklyn Bridge/City Hall (4, 5, 6);
City Hall (R, W) ⊟ M1, M6, M22, M103

58 Brooklyn Bridge

Bei ihrer Fertigstellung im Jahr 1883
war diese Verbindung zwischen
Manhattan und der damals noch
unabhängigen Stadt Brooklyn die
längste Hängebrücke der Welt.
Eine halbe Stunde dauert ein gemütlicher Gang über die Brücke,
deren gewaltige Halteseile aus
19 Stahlsträngen mit je 278 Drähten
gefertigt sind. Um mit der U-Bahn
nach Manhattan zurückzukehren,
folgen Sie der Promenade in Brooklyn zur Cadman Plaza West und
weiter bis zur Station High Street/
Brooklyn Bridge.

✢ 195 D2 ⊠ Manhattan: nahe
Chambers und Centre Street;
Brooklyn: Cadman Plaza East (auch
Adams Street) ⊟ Manhattan: Brooklyn
Bridge/City Hall (4, 5, 6); Brooklyn:
High Street/Brooklyn Bridge (A, C)
⊟ M15

Brooklyn Bridge

Ob vom Fulton Park am Fuß des östlichen Pfeilers in Brooklyn oder in mehr als 40 Metern Höhe vom Fußgängerüberweg: Die Brooklyn Bridge eröffnet grandiose Ausblicke auf die Skyline von Manhattan. Mit ihrem 532 Meter langen, frei schwebenden Mittelteil und den beiden Pfeilertürmen ist die Brücke aber auch selbst ein Blickfang.

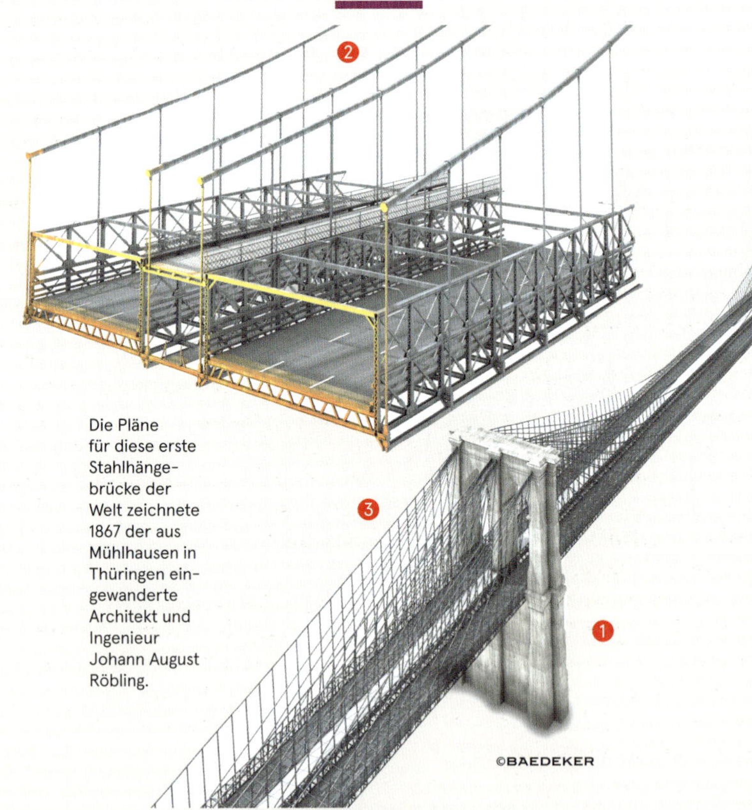

Die Pläne für diese erste Stahlhängebrücke der Welt zeichnete 1867 der aus Mühlhausen in Thüringen eingewanderte Architekt und Ingenieur Johann August Röbling.

Nach 16-jähriger Bauzeit fand am 24. Mai 1883 die Einweihung der Brücke statt. Ihre Länge beträgt ohne die Zufahrten 1052 m (ganze Spannweite 2 km).

Mit 15 Mio. $ Baukosten war die Brücke doppelt so teuer wie geplant. 20 Menschenleben forderte ihre Konstruktion. Am Premierentag spazierten 150 000 Schaulustige über die Brücke. Aber erst nachdem 21 Elefanten des Zirkus Barnum die Tragfähigkeit »bewiesen« hatten, wurde die Brücke für den Verkehr freigegeben.

Ursprünglich führten vier Spuren für Fahrzeuge, zwei Gleise für die Straßenbahn und die heute noch vorhandene Fußgängerpromenade über die Brücke. Im Jahr 1950 begann man mit einer umfangreichen Sanierung; die Schienen wurden entfernt und zwei weitere Fahrspuren geschaffen.

Heute verkehren hier auf sechs Fahrspuren täglich mehr als 130 000 Autos. 5,5 m über den Fahrbahnen verläuft eine für Fußgänger reservierte Trasse, von der man ihre Konstruktion aus der Nähe betrachten und den grandiosen Ausblick genießen kann. Fahrradfahrern wurde wegen des Gedränges auf der Brücke im Jahr 2020 eine Fahrspur von den Autos überlassen.

❶ Gipfelstürmer Die Fundamente für die großen Pfeiler der gewaltigen Brooklyn~Bridge wurden in einem bis dahin neuen Verfahren hergestellt:

Zwei unten offene, 15 m hohe, 55 x 35 m große Holzkisten wurden von oben beschwert und langsam im East River versenkt. Pressluft verdrängte das Wasser aus ihrem Innern. In der Luftblase schaufelten und sprengten Arbeiter ihren Weg durch das Schlamm- und Kiesbett 20 m in die Tiefe. Hier wurden die »Senkkästen« fixiert und mit Zement ausgegossen. Auf ihnen stehen die 92 m hohen steinernen Brückenpfeiler mit jeweils zwei 40 m hohen, 11 m breiten gotischen Spitzbögen.

❷ Drahtseile Jedes der vier 38,5 cm dicken Hauptseile besteht aus insgesamt 5659 km verdrilltem Draht. Die Seilenden werden von Ankerplatten gehalten, um die herum ein dreistöckiges Granitgewölbe errichtet wurde.

❸ Schrägkabel-Technik Die Idee der Schrägkabel-Technik, bei der diagonale Halteseile die Brückenträger direkt mit den Pylonen verbinden, stammte von Johann August Röbling.

TriBeCa ist die Abkürzung für Triangle Below Canal (Street). Bis zur Mitte des 20. Jh.s war dies ein Zentrum des Lebensmittelgroßhandels, das dann aber bis in die 1980er-Jahre zusehends verfiel. Erst als Filmemacher wie Robert De Niro hier Produktionsstätten errichteten, war das Viertel wieder gefragt. Mit seinem TriBeCa Grill war De Niro auch an der kulinarischen Front ein Pionier. In letzter Zeit etabliert sich TriBeCa zunehmend als Kunst- und Galerienviertel abseits des Mainstreams von SoHo. Für einen kurzen Rundgang empfiehlt sich der Gang von der Canal Street nach Süden zum West Broadway, dabei lohnen die Seitenstraßen und Geschäfte einen Blick. Weiter nach Westen auf der Reade Street und rechts in die Hudson Street. Sowohl die Jay als auch die Staple Street sind einen Abstecher wert. Am nördlichen Ende der Staple Street gegenüber der Harrison Street befindet sich die einstige New York Mercantile Exchange (Harrison Street 6), wo früher unter anderem die Eiergroßhändler ihre Geschäfte tätigten. Auf der Harrison Street geht es nach Osten bis Hudson Street, dann nach Norden. Bubby's (120 Hudson Street, Ecke N. Moore Street, Tel. 212/219-0666) ist bekannt für seine Pasteten und den Brunch am Wochenende. Auf der North Moore Street östlich bis Varick Street und dann links ist man bald wieder an der Canal Street.

✈ 194 B4 🚇 Canal Street (A, C, E, 1) 🚌 M20

Seit in den 1960er-Jahren die Einwanderungsbeschränkungen für Asiaten aufgehoben wurden, ist Chinatown gewachsen. Ein kleiner Spaziergang führt von der Canal Street auf der Mott Street nach Süden, dann links in die Pell Street, rechts in die Doyers Street, und am Chatham Square geht es rechts zurück zur Mott Street. An der Kreuzung Mott/Mosco Street verkauft Fried Dumpling leckere frittierte Teigtaschen mit unterschiedlichen Füllungen. Die Chinatown Ice Cream Factory (65 Bayard Street, Tel. 212/608-4170) bietet Eis mit Litschi- oder Grüner-Tee-Aroma. Auf den Märkten gibt es ausgefallene Kräuter und Delikatessen, im Schaufenster des New Kam Man Market an der 200 Canal Street

hängen geschmorte Schweineohren und -schnauzen. Nicht zuletzt lockt das Museum of Chinese in America mit packenden Ausstellungen über das Leben der chinesischen Einwanderer in den Vereinigten Staaten von Amerika.

61 Little Italy

Durch das Vordringen von Chinatown von Süden und SoHo von Westen wird Little Italy, das noch vor 100 Jahren eine blühende Enklave italienischer Einwanderer war, jedes Jahr kleiner und weniger italienisch. In Geschäften und Restaurants an der Mott und Mulberry Street zwischen Canal und Houston Street lässt sich noch etwas von den alten Zeiten erahnen. Ein letztes Original ist der Lebensmittelladen Di Palo in 200 Grand St. Di Palo ist bereits in der 4. Generation in Familienbesitz.

62 Lower East Side

In diesem dicht besiedelten Viertel südlich der Houston Street und östlich der Bowery lebten zu Beginn des 20. Jahrhunderts Einwanderer aus Süd- und Osteuropa in beengten elenden Verhältnissen. Besonders osteuropäische Juden prägten das Viertel. Heute erinnern daran nur noch wenige Geschäfte, die Lower East Side ist mit zahlreichen Cafes sowie Musikclubs zu einem beliebten Viertel für junge Leute geworden.

63 Lower East Side Tenement Museum

Das Museum ist in einem alten Mietshaus von 1863 untergebracht. Die kompetenten Angestellten führen durch fünf wiederhergestellte Wohnungen aus den Jahren 1870 bis 1930. Da aus Sicherheitsgründen zu jeder Führung nur 15 Personen eingelassen werden, empfiehlt sich an Wochenenden eine Reservierung.

Wohin zum ...
Essen und Trinken?

Preise für ein 3-Gänge-Menü ohne Getränke, Steuer und Trinkgeld:
$ unter 30 $
$$ 30–60 $
$$$ über 60 $

RESTAURANTS

Balthazar $$
Beim Anblick der roten Markisen, der verzierten Spiegel und Scheiben sowie des vielen Messings fühlt man sich nach Paris versetzt. Serviert wird klassisches Brasserie-Essen mit einigen modernen Kniffen. Es gibt auch Frühstück, aber spätnachmittags ist das Publikum interessanter.
✛ 195 D4 ✉ 80 Spring Street, zwischen Crosby Street und Broadway ☎ 212/965-1414 ⊕ www.balthazarny.com ◑ Mo–Do 7.30–24, Fr 7.30–1, Sa 8–1, So 8–24 Uhr

Blue Smoke $$
In Danny Meyers Grillrestaurant bekommen Sie genial geräucherte Rippchen nach St.-Louis-Art, texanischen Rinderbraten oder Barbecue-Muscheln, dazu typisch südliche Beilagen wie »Hush Puppies« (gebackene Maisklößchen) oder Kohlblätter. Die Krönung des Ganzen: ein vorzügliches Blue Smoke Ale.
✛ 197 B3 ✉ 255 Vesey ☎ 212/447-7733 ⊕ www.bluesmoke.com ◑ So–Do 11.30 bis 22, Fr/Sa 11.30–23 Uhr

Great NY Noodletown $
Das oft überlaufene Restaurant hat keine besondere Atmosphäre, aber das Essen ist ausgezeichnet. Das gegrillte Fleisch (Ente, Spanferkel, Schwein oder Huhn) lohnt sich – auf jeden Fall nach der dazugehörigen Ingwersauce fragen, die das besondere Etwas ausmacht und von der Bedienung häufig vergessen wird. Wie in vielen Restaurants in Chinatown sitzt man an großen Tischen zusammen mit anderen Gästen.
✛ 195 D3 ✉ 28 Bowery, Ecke Bayard Street ☎ 212/349-0923 ⊕ http://greatnynoodletown.net ◑ tägl. 9–4 Uhr

Jing Fong $
Das mit einem Aufzug zu erreichende Restaurant ist sonntags sehr voll, denn dann treffen sich hier viele chinesische Familien. Die Spareribs sind zu empfehlen, ebenso die kleinen Päckchen aus klebrigem Reis mit chinesischen Würstchen. Als Dessert empfehlen sich Dampfklöße mit süßer Bohnenpaste. Wählen Sie à la carte, aber eigentlich muss man hier die Dim Sum essen (nicht auf der Abendkarte).

Freundlicher Service im Katz's Delicatessen

✢ 195 D4 ✉ 202 Center Street
☎ 212/964-5256 🌐 http://jingfongny.com
🕐 Mo–Fr 10–21.30, Sa/So 9.30–21.30 Uhr

Joe's Shanghai $

Die mit Brühe gefüllten Krabben- oder
Schweinefleischklöße sind Extraklasse. Am
besten isst man sie, indem man einen Kloß
auf den Löffel nimmt, ein Loch hineinbeißt,
die heiße Brühe trinkt und dann den Rest
verspeist. Zu den Spezialitäten gehören
auch der Shanghai-Reiskuchen und
Schwertmuscheln mit scharfer Sauce aus
schwarzen Bohnen.
✢ 195 D3 ✉ 46 Bowery ☎ 212/233-8888
🌐 www.joeshanghairestaurants.com
🕐 tägl. 11–23 Uhr

Katz's Deli $

Das Lokal ist ein New Yorker Klassiker, aber
leider auch ein Touristenmagnet. Die Innen-
einrichtung ist seit 70 Jahren unverändert
und es gibt noch immer das beste Pastrami-
sandwich der Stadt, manche behaupten der
Welt. Das ist mit 25,95 $ allerdings auch
nicht ganz billig.
✢ 195 F4 ✉ 205 East Houston Street,
Ecke Ludlow Street ☎ 212/254-2246
🌐 www.katzsdelicatessen.com 🕐 Mo–Mi
8–22.45, Do 8–2.45, Fr–Sa 24 Stunden,
So bis 22.45 Uhr

Lombardi's $

Ein traditionsreicher Ort: Hier stand New
Yorks erste Pizzeria. Die besten Tische sind
ganz vorne oder dort, wo die Pizza geba-
cken wird, wenn einem die Hektik nichts
ausmacht. Es lohnt sich auf jeden Fall, nach
hinten durchzugehen und einen Blick auf
den großen, alten Pizzaofen aus Ziegeln zu
werfen. Eine Besonderheit ist die weiße
Pizza ohne Tomaten.
✢ 195 D4 ✉ 32 Spring Street, zwischen Mott
und Mulberry Street ☎ 212/941-7994
🌐 www.firstpizza.com 🕐 So–Do 11.30–23,
Fr–Sa 11.30–24 Uhr

Macao $$

Gedimmtes Licht und kleine Holznischen
geben dem portugiesisch-chinesischen
Esstempel einen gemütlichen Touch.
Versuchen Sie nach dem Dinner in die versteckte Bar im Keller zu kommen. Das
Speakeasy mit tiefen Zinndecken und alten
erotischen Pin-up-Bildchen ist ein beliebter
Szenetreff. Die Cocktails sind aber auch an
der Restaurantbar klasse.
✢ 194 C4 ✉ 311 Church Street
☎ 212/431-8642 🌐 www.macaonyc.com
🕐 So–Mi 17–2, Do–Sa 17–4 Uhr

Niche Niche $$–$$$

Schlichtes Weinlokal im Herzen von SoHo,
wo Weinexperten aus dem ganzen Land
Weine mit wöchentlich wechselnden Menüs
kombinieren. Im Keller kann man danach in
intimer Atmosphäre Champagner schlürfen
und sich erstklassige Jazzcombos anhören.
✢ 196 B1 ✉ 43 MacDougal St 🌐 www.niche
nichenyc.com 🕐 tägl. außer So 18–24 Uhr

Nom Wah Tea Parlor $

Der Dumpling Shop in der verwinkelten
Doyers Street im Herzen von Chinatown ist
in der vierten Generation in Familienbesitz.
Doch der jüngste Spross der Familie, Vincent Tang, hat sich den Zeiten angepasst,
das Interieur und die Karte modernisiert
und den Tea Parlor zu einem der beliebtes-
ten Dim-Sum-Lokale von Manhattan gemacht.
✢ 195 D3 ✉ 13 Doyers St. ☎ 212 962-6047
🌐 https://nomwah.com 🕐 Do–Di 11–21 Uhr

Nobu Downtown $$$

Eine Reservierung im Nobellokal mit erst-
klassig innovativer japanischer Küche ist
schwer zu bekommen. Probieren Sie es
trotzdem, es lohnt sich! Eine Spezialität des

Hauses ist »tiradito«, roher Fisch mit scharfer peruanischer Chilisauce. Einige Häuser weiter, in der Hudson Street, muss man im »Next Door Nobu« nicht reservieren; ein weiterer Ableger, das Nobu 57, ist in Midtown (40 West 57th Street). Mitbesitzer ist übrigens Robert De Niro.

✛ 194 B2 ✉ 195 Broadway, Ecke Fulton Street ☎ 212/219-0500 ⊕ https://nobu restaurants.com ⏰ Lunch: Mo–Fr 11.45 bis 14.15; Dinner: Mo–Do, So 17.45–22.15, Fr/Sa 17.45–23.15 Uhr

The Odeon $$

Das Odeon serviert deftiges Essen und Bier. Die Art-déco-Bar beherrscht die nach Norden gerichtete Wand, es werden pompöse Speisen vom aufmerksam-entspannten Personal gereicht. Steaks und Burger dominieren die Karte, die aber auch weniger Fleischlastiges bietet.

✛ 194 B3 ✉ 145 West Broadway ☎ 212/233-0507 ⊕ www.theodeon restaurant.com ⏰ Mo/Di 8–23, Mi–Fr 8–24, Sa 10–24, So 10–23 Uhr

Russ and Daughters Cafe

Russ and Daughters ist der moderne Ableger eines traditionellen jüdischen Lebensmittel-Geschäftes auf der Lower East Side. Genießen Sie in eleganter Atmosphäre aktualisierte Versionen klassischer osteuropäisch-jüdischer Gerichte wie Matzeball-Suppe, Lachs auf Bagel, Kartoffel-Knishes.

✛ 195 E4 ✉ 127 Orchard Street ☎ 212/475-4880 ⊕ www.russanddaughterscafe.com ⏰ tägl. 8.30–2.30 Uhr

Vanessa's Dumpling House $

Das vielleicht beliebteste Knödelhaus der Stadt besticht durch seine Größe, ist authentisch und erschwinglich. Eine Portion Knödel oder Sesam-Pfannkuchen gibt es für unter 5 $.

✛ 195 E3 ✉ 118A Eldridge Street, nahe Broome Street ☎ 212/625-8008 ⊕ http://vanessas.com ⏰ tägl. 11–21 Uhr

BARS

Copper & Oak

Diese schlichte, hippe Bar mit nur acht Stühlen ist ein wahres Wunderland für Whiskey-Liebhaber. Bei über 600 Flaschen, viele davon Raritäten, ist die Auswahl nicht gerade einfach. Gut, dass es sonst nichts auf der Karte gibt, das ablenkt. Interessant ist die japanische Whiskey-Kollektion – die größte in den USA.

✛ 195 E4 ✉ 157 Allen Street, zwischen Stanton und Rivington Street ☎ 212/460-5546 ⊕ www.copperandoak.com ⏰ Di–Sa 17–1, So 14–22 Uhr

Fanelli's

Eine tolle Holztheke und klassische Einrichtung, dazu gutbürgerliches Essen machen diese Bar zu einem angenehm entspannten Ort in New York.

✛ 195 D5 ✉ 94 Prince Street, Ecke Mercer Street ☎ 212/226-9412 ⏰ Mo–Do 10–0.30, Fr/Sa 10–2, So 11–1.30 Uhr

Gugu Room

Schummrige und elegante philippinisch-japanische Bar mit 18 japanischen Whiskey-Sorten und leckeren Spießchen zum Cocktail. Perfekt für eine Absacker am späten Abend.

✛ 195 E4 ✉ 143 Orchard Street ⊕ www.gugu roomnyc.com ⏰ tägl. 17–23 Uhr

Parkside Lounge

Klassisch gemütliche Rock'n'Roll-Bar mit Patina und abendlichen Live Acts. Echter Szeneladen mit garantiertem Partygefühl.

✛ 195 F4 ✉ 317 East Houston Street ☎ 212/673-6270 ⊕ www.parksidelounge.nyc ⏰ tägl. 16–4 Uhr

La Colombe Torrefaction

Der Duft von frisch geröstetem Kaffee liegt schon einen Block entfernt in der Luft. Die Croissants sind die perfekte Ergänzung.
✝ 194 C4 ✉ 319 Church Street, Ecke Lispenard Street ☎ 212/343-1515 ⊕ www.lacolombe.com ◷ Mo–Fr 7.30–18.30, Sa 8.30–18.30 Uhr

Ceci-Cela

Ein eher unauffälliges Café – oder besser Pâtisserie? – mit fantastischen Mandelcroissants und anderen Leckereien, das seine Gäste an die Seine entführen will.
✝ 195 D4 ✉ 14 Delancey Street ☎ 212/274-9179 ⊕ http://cecicelanyc.com ◷ So–Do 8–20, Fr/Sa 7–21 Uhr

Financier

Kleine Patisserie mit hausgemachten Speisen. Sehr hübsch gelegen in einer Straße mit Kopfsteinpflaster.
✝ 194 B1 ✉ 62 Stone Street ☎ 212/344-5600 ⊕ https://financierpatisserie.com ◷ Mo–Fr 6.30–19, Sa 8.30–18, So 8.30–17 Uhr

Now or Never Coffee Shop

Entspannter Coffee Shop mit cooler Musik, hervorragendem Espresso und einem gemütlichen Interieur. Perfekt, um die müden Beine auszustrecken und mit Locals ins Gespräch zu kommen.
✝ 194 C4 ✉ 30 Grand St ☎ 347/556-8312 ⊕ https://noworwnevercoffee.com ◷ tägl. 8–17 Uhr

Wohin zum ... Einkaufen?

SOHO

Möbel und Accessoires von angesagten Designern findet man zum Beispiel bei **Dune** (200 Lexington Avenue, Tel. 212/925-6171). Entlang des Broadways gibt es aber auch eine Fülle gängiger Ketten wie **Zara, Banana Republic** sowie zahlreiche **Jeans-** und **Schuhläden**, die der früher schicken Vorreiterrolle des Viertels etwas mehr Durchschnittlichkeit geben.
Kunstgalerien säumen den West Broadway von Houston bis Canal Street. Für schlichte japanische Mode, Reise- und Wohn-Accessoires sowie Schreibwaren sollten Sie bei **Muji** (455 Broadway, Tel. 212/334-2002) vorbeischauen. Wer ein Faible für Cashmereschals und edle Accessoires hat, ist im **Meg Cohen Design Shop** (59 Thompson Street) gut aufgehoben. Topaktuelle Mode bekommen Sie bei **Bloomingdale's SoHo**

Künstler verzieren die Sperrholzplatten, die 2020 in Soho in New York zum Schutz der Schaufensterläden angebracht worden waren. Viele dieser Kunstwerke sind mittlerweile in Ausstellungen zu sehen.

Orchard Street, Lower East Side: ein guter Ort für einen Shoppingbummel.

(504 Broadway). Girlie-, Grufti- sowie recht glamouröse Jungdesignermode hält die extravagante Damenboutique Kirna Zabête (477 Broome Street) bereit.

Wunderbare, aber teure Schuhe gibt es bei Varda (147 Spring Street). Miu Miu (100 Prince Street) ist für seine edle Frauenmode und Schuhe bekannt. Kate Spade (454 Broome Street) entwirft schicke Handtaschen. Anthropologie (195 Broadway) bietet ausgefallene Kleidung und Haushaltswaren. Grandaisy Bakery (250 West Broadway) ist bekannt für gutes Brot.

Dean & DeLuca (560 Broadway) ist ein Delikatessengeschäft ersten Ranges. In den 1970er-Jahren in SoHo gegründet, erfüllt es nun die höheren Ansprüche seiner Klientel mit Produkten aus aller Welt.

Sexy SoHo hat in Sachen Dessous für Frauen die Nase vorn. Von der berühmten italienischen Wäsche bei La Perla (434 West Broadway) bis zu Strapsen und Spitze bei Agent Provocateur (133 Mercer Street).

NOLITA

Der Name des Viertels leitet sich ab von: North of Little Italy. Wegen der niedrigeren Mieten konnten hier einst aufstrebende und experimentierfreudige Designer und Händler eher ein Risiko eingehen – mittlerweile haben die Preise aber auch hier angezogen, der Charme ist dennoch geblieben. Die Mischung aus schrulligen und zeitlosen Haushaltswaren gefällt Promis wie Schnäppchenjägern.

Das Amarcord (252 Lafayette Street) ist mit italienischen Labels auf den Retrolook ausgerichtet. Weiter oben an der Lafayette Street reihen sich Möbelgeschäfte mit alter und neuer Einrichtung aneinander. Auf der Suche nach Schuhen sollten Sie die Prince Street ab Lafayette Richtung Osten gehen.

LOWER EAST SIDE

Auf der Orchard und Ludlow Street haben junge Designer tolle Läden mit Kleidung und Accessoires neben den alteingesessenen jüdischen Geschäften eröffnet. Sonntags ist hier viel los, die Geschäfte haben alle geöffnet (dafür bleiben samstags wegen des Sabbats viele geschlossen).

Zu den etablierten Institutionen gehören Altman Luggage (135 Orchard Street; https://altmanluggage.com/) und Mooshoes (78 Orchard Street) mit veganen Schuhen und Taschen. Coole Boutiquen wie Assembley New York (170 Ludlow Street; www.assemblynewyork.com) verkaufen Kreationen junger Designer.

Bei Erin McKenna's Bakery (248 Broome Street; www.erinmckennasbakery.com) bekommen Sie köstliche vegane Cupcakes.

TRIBECA

Ein interessanter Laden unter vielen weiteren ist **Fountain Pen Hospital** (10 Warren Street, zw. Church Street und Broadway), hier gibt es alte und neue Schreibgeräte.

CHINATOWN

In Chinatown gibt es den **Yunhong Chopsticks Shop** (50 Mott Street) mit einer schier unglaublich großen Auswahl an Essstäbchen, meist in hübschen Sets. Wer nach chinesischen Tellern oder Tee-Pots sucht, ist bei **Kam Man** (200 Canal Street) mit einer großen Auswahl an Tischgeschirr und asiatischen Küchenzutaten richtig. Gönnen Sie sich zwischendurch einen erfrischenden Perlen-Shake bei **Vivi Bubble Tea** (49 Bayard Street).

Wohin zum ...
Ausgehen?

THEATER

Performing Garage/Wooster Group
Willem Dafoe und andere Größen spielen hier experimentelles Theater.
✝ 194 C4 ✉ 33 Wooster Street ☎ 212/966-9796 ⊕ www.thewoostergroup.org

MUSIK

Arlene's Grocery
Eine Bühne für Indie-Bands. Montagabends setzen die Karaokepartys neue Maßstäbe.

Tickets besser online bestellen, da es vor Ort nur ein eingeschränktes Angebot gibt.
✝ 195 E4 ✉ 95 Stanton Street ☎ 212/358-1633 ⊕ www.arlenesgrocery.net

Bowery Ballroom
Hier spielen aufstrebende Rockbands und alternative Combos.
✝ 195 D4 ✉ 6 Delancey Street
☎ 212/460-4700 ⊕ www.boweryballroom.com

Mercury Lounge
Die beste Bühne der Lower East für New Rock und No-Depression.
✝ 195 F4 ✉ 217 East Houston Street
☎ 212/260-4700
⊕ www.mercuryeastpresents.com/mercurylounge

Parkside Lounge
Gute Cocktails, günstige Biere und immer eine Live-Show mit Bluegrass, Americana oder Folk.
✝ 195 F4 ✉ 317 East Houston Street ☎ 212/673-6270 ⊕ www.parksidelounge.com

Piano's
Angesagte junge Bands und mitunter ein DJ sorgen für Andrang.
✝ 195 E4 ✉ 158 Ludlow Street
☎ 212/505-3733 ⊕ www.pianosnyc.com

Rockwood Music Hall
Rockmusik in toller Atmosphäre.
✝ 195 E4 ✉ 196 Allen Street ☎ 212/477-4155 ⊕ www.rockwoodmusichall.com

SOB's (Sounds of Brazil)
Gute Stimmung bei lateinamerikanischer Musik und karibischem Essen.
✝ 194 C5 ✉ 204 Varick Street
☎ 212/243-4940 ⊕ www.sobs.com

FILM

Film Forum
Indie- und Mainstream-Filme – seit 1970 eine New Yorker (Non-Profit-) Institution.
✝ 194 C5 ✉ 209 West Houston Street
☎ 212/727-8110 ⊕ www.filmforum.org

Mittendrin statt nur dabei: Bei unseren Spaziergän-
gen bleibt auch immer genügend Zeit für eine kleine
Rast etwa hier in einem der gemütlichen Straßenca-
fés von Williamsburg.

Spaziergänge

Schlendern ist Luxus – erst recht im schnell getakteten Manhattan. Aber auch auf der anderen Seite des East River macht ein ausgiebiger Bummel so richtig Spaß.

Seite 164–179

42nd Street

Wann?	Vormittags ist noch nicht so viel los. Aber abends muss man noch mal vorbeischauen – wegen des Lichterzaubers ...
Länge	ca. 2,5 km
Dauer	Gehzeit etwa 2 Std.
Start	U-Bahnstation 42nd Street/8th Avenue (🚇 A, C, E) ⊹ 198 B2
Ziel	United Nations 46th Street und 1st Avenue (🚌 M15, M27, M42, M50) ⊹ 199 E1

Atmosphäre und Bebauung der 42nd Street verändern sich in ihrem Verlauf durch Manhattan. Während am Westende in der Nähe des Times Square hektisches Tempo herrscht, ist es am anderen Ende nahe dem East River geradezu friedlich. Gesäumt wird die Straße von einigen der schönsten Häuser der Stadt.

1–2

Wir verlassen den U-Bahnhof am Ausgang 42nd Street und gehen zur südöstlichen Ecke der Kreuzung 42nd Street/8th Avenue. Im Osten locken zwar die bunten Lichter des Hightech-Zeitalters, doch gen Westen lohnt sich ein Blick auf vergangene Zeiten. An der Nordseite der 42nd Street, zwischen 8th und 9th Avenue, befindet sich die Holy Cross Church. 1867 aus roten Ziegeln erbaut, ist sie eines der ältesten Gebäude

Urbane Karawane: Auf der 42nd Street trifft sich die ganze Welt.

am Times Square. Louis Comfort Tiffany
gestaltete den Innenraum, doch blieb nur
eines seiner Glasfenster erhalten. Direkt
gegenüber ragt das McGraw-Hill Building
aus blaugrünem Terrakotta empor. Mehr
noch als das Rockefeller Center, bei dem
ebenfalls Raymond Hood als Architekt
verantwortlich zeichnete, zeigt dieser 1931
gebaute Wolkenkratzer die Schwerpunkte
der modernen Architektur: besonders die
Vorliebe für emporstrebende Linien und
den Verzicht auf Verzierungen. Blickt man
jetzt nach Osten, so zeichnen sich einige
Blocks weiter auf der Nordseite der 42nd
Street die Konturen des Chrysler Building
ab. Der Weg führt weiter nach Osten.

Fluchtpunkt Chrysler Building: Der wohl schönste Wolkenkratzer New Yorks bildet eine gute Orientierungsmöglichkeit auf der 42nd Street in Richtung Osten.

2–3

Nun sind wir beim AMC Multiplex mit seinen 25 Kinosälen.
Das 3700 Tonnen schwere frühere Empire Theatre wurde
gut 50 Meter nach Westen bewegt und bildet heute das Foyer
des Multiplex. Östlich davon befindet sich ein Ableger von
Madame Tussaud's Wachsfigurenkabinett und gegenüber
das Candler Building, ein schmaler Wolkenkratzer – im Jahr
1913 fertiggestellt und nach dem Gründer der Coca-Cola-
Company benannt.

3–4

Östlich vom Candler Building steht das bereits im Jahr 1903
errichtete New Amsterdam Theatre. Sein Jugendstilfoyer
lässt die Pracht im Inneren des Gebäudes bereits erahnen.

4–5

Auf der gegenüberliegenden Straßenseite zieht das New
Victory Theater mit seiner großen Außentreppe und Fens-
tern aller Art die Blicke auf sich. Im Jahr 1900 im pseudo-
venezianischen Stil errichtet, ist es das älteste Theater im
Bezirk. Direkt daneben ist das Reuters Building, 3 Times
Square, das rund 3000 Quadratmeter Werbefläche bietet.
Hier setzen wir den Weg über die 7th Avenue fort.

Das Dreieck, das 42nd Street, 7th Avenue und Broadway bilden, ist der Times Square. Der Turm innerhalb des Dreiecks ist 1 Times Square, das einstige Stammhaus der »New York Times«. Das neue Jahr wird hier stets damit begonnen, dass eine leuchtende Kugel hinabschwebt. Halten Sie kurz unter der Nachrichtenkugel des Turms an der 42nd Street, und schauen Sie nach Osten über den Broadway.

An der südöstlichen Ecke der 42nd Street, Ecke Broadway ragt das Knickerbocker Hotel majestätisch empor. Anfang des 19. Jahrhunderts gebaut, war es zwischenzeitlich ein Bürogebäude. Nun kann man wieder in einem der 300 luxuriösen Zimmer übernachten. Das Ziegelgebäude ließ

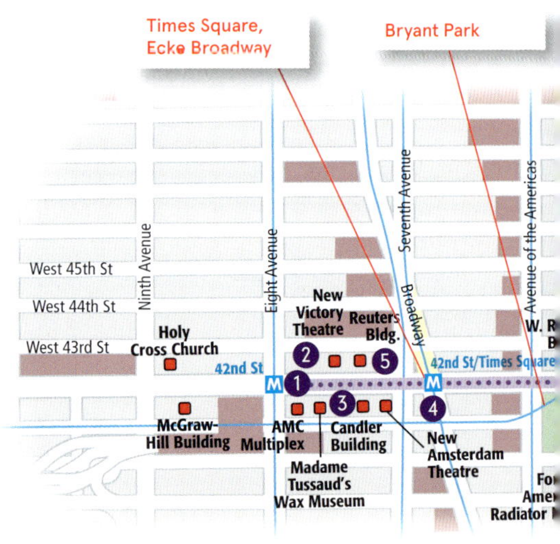

John Jacob Astor IV., zehn Jahre bevor er mit der »Titanic« unterging, erbauen. An der nordöstlichen Ecke am postmodern-verspiegelten Wolkenkratzer 4 Times Square finden heute meist offizielle Feierlichkeiten statt. Weiter geht es nach Osten auf der 42nd Street über den Broadway und die 6th Avenue (Avenue of the Americas).

Das W. R. Grace Building (6th Avenue 1114), ein moderner Bau aus weißem Travertin mit getönten Fensterscheiben, erinnert ein bisschen an eine Skischanze.

6–7

Der hübsche <u>Bryant Park</u> liegt gegenüber dem Grace Building. Am Rand des Parks an der 40th Street steht das frühere <u>American Radiator Building</u>, das durch seine schwarzen Steine mit goldener Verzierung auffällt.

7–8

Die <u>New York Public Library</u> grenzt direkt an die östliche Seite des Parks. Gehen Sie weiter nach Osten bis zur 5th Avenue und dann rechts. Zwei Löwen aus Stein, Geduld und Stärke symbolisierend, flankieren die beeindruckende Treppe der Bibliothek. Betreten Sie durch den Mitteleingang den marmornen Rundbau, die <u>Astor Hall</u>, gehen Sie dann über

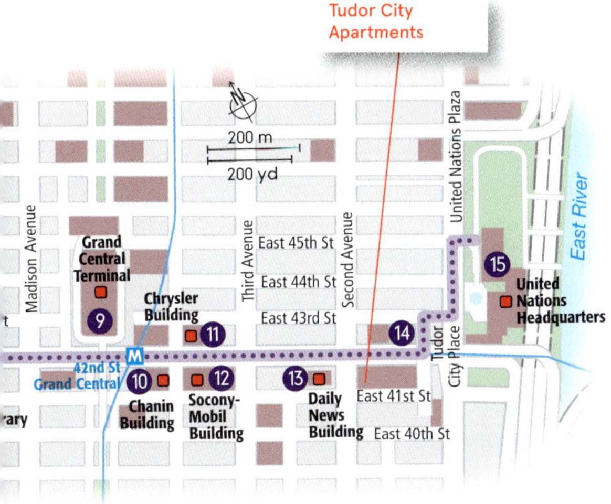

die linke Treppe in den zweiten Stock, um die Wandgemälde und den Leseraum zu besichtigen.

8–9

Von der Bibliothek aus geht es Richtung Osten weiter bis zum <u>Grand Central Terminal</u>. Im Untergeschoss lädt eines der vielen Restaurants zu einer Pause ein, man sollte sich aber auf jeden Fall auch das Deckengemälde in der riesigen Haupthalle ansehen.

9–10

Das <u>Chanin Building</u> gegenüber dem <u>Grand Central</u> an der
Ecke 42nd Street/Lexington Avenue schmückt ein Fries, auf
dem verschiedene Meereskreaturen dargestellt sind. Die In-
nenausstattung erinnert an eine Kathedrale.

10–11

Schräg gegenüber der Kreuzung 42nd Street und Lexington
Avenue erhebt sich das <u>Chrysler Building</u>, dessen Äußeres an
das Modell eines Chryslers aus dem Jahr 1929 anknüpft.

11–12

Bleiben Sie auf derselben Straßenseite der 42nd Street, um
das aluminiumverkleidete <u>Socony-Mobil Building</u> genauer
betrachten zu können, das 1955 zwischen Lexington und 3rd
Avenue gebaut wurde. Der Eingang ist an der East 42nd
Avenue 150. Die modernistische Halle ist hell und luftig.

12–13

Nummer 220, ein weiterer Bau von Raymond Hood (S. 167),
ist das <u>Daily News Building</u>; das Sensationsblatt hat seinen
Sitz aber nicht mehr hier. Im Foyer dreht sich eine große
Erdkugel unter einer schwarzen Glaskuppel.

13–14

Überqueren Sie die 2nd Avenue. Nach einem halben Block
führt eine Treppe hoch zu den <u>Tudor City Apartments</u>. Der
Blick von der Überführung an der Spitze der Treppe reicht
bis zum East River, dem UN-Komplex und Queens.

14–15

Biegen Sie links in den Tudor City Place und dann rechts in
die 43rd Street, die Treppen zum Ralph Bunche Park hinunter, überqueren Sie die United Nations Plaza (1st Avenue) und
wenden sich nach links. An der 46th Street sind die <u>United
Nations Headquarters</u>.

KLEINE PAUSE

Nur zwei Straßen weg vom Trubel, z. B. in der 44th Street,
ist es herrlich ruhig und entspannt.

Harlem

Wann?	Um die Mittagszeit
Länge	ca. 5 km
Dauer	ca. 3 Std., aber nach Lust und Laune gern auch länger
Start	122th Street/Riverside Drive 🚌 M5 ⛂ 202 B4
Ziel	110th Street/Central Park West 🚇 C, B ⛂ 202 A2

Manhattan ohne die Tourimassen von Midtown: Sobald Sie die 125th Street überqueren, erwartet Sie ein spannendes, ethnisch gemischtes und seit einigen Jahren enorm hippes Viertel: Harlem.

1–2

Von der Bus-Haltestelle des M5 sehen Sie bereits die neugotische Riverside Church, von deren Turm aus man einen schönen Blick auf das Wasser hat. Daneben befindet sich Grant's Tomb, die Ruhestätte des US-Präsidenten Ulysses S. Grant. Ecke 125th Street und 12th Avenue wartet das Dinosaur BBQ (www.dinosaurbarbque.com) mit würzigen Ribs

Welcome! Hoch über die Dächer von Harlem ragt der Turm der Riverside Church.

und Chicken Wings. Danach werfen Sie am Park am Hudson einen Blick auf die Washington Bridge.

2–3

Vom Park gehen Sie an der 133th Street nach rechts und an der nächsten Ecke links entlang des Riverside Drive, der hier von der riesigen Eisenbrücke überdeckt wird. Hier haben sich in den vergangenen Jahren einige nette Bars und Restaurants angesiedelt. Dann weiter, bis die Straße einen Rechtsknick macht und in die 135th Street übergeht, in Richtung Osten gehen, bis Sie nach der Amsterdam Avenue auf das City College stoßen.

3–4

Im Jahr 1847 gegründet, ist das City College der älteste Standort der City University of New York. Die weißbraune Anlage des Architekten George B. Post erinnert an britische Collegebauten wie Eton. Von den New Yorkern wird es liebevoll das »Harvard des Proletariats« genannt, weil hier auch Studierende aus einfachen Verhältnissen eine hervorragende Ausbildung genießen. Zehn Nobelpreisträger, darunter John O'Keefe (2014 Medizin), machten hier ihren Abschluss. Beobachten Sie das Studentenleben auf einer Bank am

»Open the doors to all« (Townsend Harris, Gründer des City College, im Jahr 1847).

Brunnen sitzend – der Campus ist frei zugänglich. Dann biegen Sie auf der Convent Avenue gehend rechts auf die 141st Street ein.

4–5

In der Mitte des steilen Berghanges kehren Sie rechts zum Hamilton Grange National Memorial ein. US-Gründungsvater Alexander Hamilton wohnte zwar nur zwei Jahre lang in diesem hübschen gelb-weißen Bau. Aber heute können Sie hier dank einer kleinen Ausstellung auf seinen Spuren wandeln (ww.nps.gov/hagr/index.htm).

5–6

Steigen Sie am Ende des Hanges Ecke St. Nicholas Avenue und 141st Street in den M3 Richtung Downtown ein und fahren Sie bis zur 125th Street. Oder nehmen Sie einfach ein Citi Bike die St. Nicholas Avenue hinunter. Dort gehen Sie nach Osten. Auf dieser Hauptachse erblüht Harlem in seinen buntesten Farben: Afrikanische Händler verkaufen Düfte und Seifen auf der Straße, Rap dröhnt aus den Ghetto-Blastern – keine Einkaufsstraße New Yorks ist ethnisch so gemischt und skurril. Aber auch Bekleidungsketten wie H&M oder Old Navy finden Sie hier.

6–7

Auf der linken Seite sehen Sie kurz nach dem Frederick Douglass Boulevard das Apollo Theater (www.apollotheater. org), in dem immer noch die legendäre Amateur's Night stattfindet, bei der sich hoffnungsfrohe Talente bewähren können. Eines davon war mal ein gewisser Michael Jackson.

7–8

Schräg gegenüber lohnt ein Blick ins Studio Museum Harlem (144 West 125th Street, www.studiomuseum.org; zum Redaktionsschluss im Umbau). Es war 1968 das erste Museum der Stadt, das sich um Bewahrung und Präsentation afroamerikanischer Kunst kümmerte.

8–9

Ecke Malcolm X Blvd hat 2016 ein Whole Foods Market eröffnet – damals ein Riesenaufreger in der Nachbarschaft. Der Biosupermarkt der seit 2017 zu Amazon gehörenden Kette ist teuer und schürt die Angst vor ins Unendliche

Ein Ort für Legenden (und zur Legendenbildung): das Apollo Theater.

steigenden Mieten. Eingekauft wird trotzdem kräftig; ein
Zeichen, dass sich Harlems Nachbarschaft bereits mitten in
einem tiefgreifenden Wandel befindet.

9–10

Bei Marcus Samuelssons Red Rooster (310 Lenox Avenue,
redroosterharlem.com) gibt es Crab Cakes mit Curry Aioli,
Maccaroni and Cheese oder Helga's Meatballs, vor allem aber
viele hippe Szenegänger. Abends wird die Bar zum Hotspot.

10–11

Schlendern Sie auf der Lenox Avenue wieder in Richtung
Downtown. Die breite Allee ist eine der Prachtstraßen Harlems
mit wunderschönen Bauten von der Jahrhundertwende.

11–12

An der 121st nach rechts abbiegen und bis zum Adam Clayton Powell, Jr., Blvd. gehen. An der Ecke 7th Avenue kommen Sie vorbei an der Paris Blues Bar (http://parisblueshar
lem.webs.com), einer entspannten Ikone des New Yorker
Jazz-Nightlife – vielleicht auch für Ihr Ausgeh-Programm?

12–13

Lassen Sie Ihren Spaziergang auf dem Frederick Douglass
Boulevard ausklingen. Seit Jahren siedeln sich hier coole Re-
staurants, Läden, Bars wie das 67 Orange
Street (www.67orangestreet.com) an.

Eine Skulptur an der 125th Street erinnert an den afro-amerikanischen Kongressabgeordneten und engagierten Bürgerrechtler Adam Clayton Powell Jr.

13–14

Gehen Sie in Richtung Süden bis zur 110th
Street. Hier beginnt der Central Park. Der
Eingang zur U-Bahn C, B bringt Sie zu-
rück in Richtung Downtwon.

KLEINE PAUSE

Gegenüber dem City College finden Sie
Ecke Amsterdam und 140th Street das
Double Dutch Café. Winzig; aber mit gu-
tem Kaffee und leckeren Snacks können
Sie dann in den Park des Colleges gehen.

Williamsburg

Im Brooklyner Stadtteil Williamsburg ist alles etwas ruhiger und hipper. Lassen Sie sich vom Bohemian-Vibe anstecken und schlendern Sie einfach durch die Nachbarschaft.

1–2

Man kann zwar auch den L-Train nach Williamsburg nehmen, an einem schönen Tag empfiehlt sich allerdings eine gemütliche Fährfahrt. Die East River Route der NYC Ferry bringt Sie von Manhattan (FDR Drive zwischen East 35th und 36th Street) nach North Williamsburg.

Nur etwa eine Viertelstunde dauert die Fahrt mit der Fähre über den East River nach Williamsburg.

2–3

Wenn Sie Ihren Ausflug am Wochenende planen: Samstag und Sonntag findet von 11 bis 18 Uhr im East River State Park (90 Kent Ave. /N. 7 St.) der beliebte Food-Markt Smorgasburg (www.smorgasburg.com) mit allerlei delikaten Essenskreationen an kleinen Ständen statt. Wenn Sie unter der Woche ankommen: Ein Spaziergang im Park ist der perfekte Start mit ein bisschen Williamsburg-Feeling.

3–4

Gehen Sie entlang Kent Avenue Richtung Norden und biegen Sie auf der N 11th Street nach rechts ab, zwei Minuten weiter thront das Wyhte, Brooklyns erstes Boutique-Hotel an der Ecke Wythe Avenue. Beim Lunch oder Snack im Café bietet sich bestes Hipster-Gucken. Das Hotel hat übrigens auch eine spektakuläre Rooftopbar!

4–5

Gleich gegenüber auf Wythe Avenue, Ecke 12th Street können Sie dann eine ruhige Kugel schieben – oder zur Live-Musik abtanzen. Der Brooklyn Bowl (www.brooklynbowl.com)

ist eine herrlich entspannte Mischung aus Bar, Szene-Treff,
Bowlingbahn und Konzerthalle.

5–6

Schlendern Sie entlang der 12th Avenue weiter in Richtung
Osten und machen Sie einen kurzen Abstecher in den angrenzenden McCarren Park, eine herrlich vielseitige Anlage mit
Bänken und einem großen Pool – ein Lieblingstreff der Wil-
liamsburger in den heißen Sommermonaten.

Oddfellows (855 Lorimer Street, oddfellowsnyc.com) ist
hier eine der witzigsten und ungewöhnlichsten Eisdielen der
Stadt mit selbst gemachtem Eis in skurrilen Geschmacksrichtungen, von »Clyde's Malted Banana« bis zu »Smokey Vanilla
Bourbon Twist«.

6–7

Biegen Sie auf die Bayard Street ein, nach der Lorimer Street
finden Sie hier das Museum of Food and Drink Lab (MOFAD,
www.mofad.org).

7–8

Animiert von der kulinarischen Thematik im Museum?
Das Beco (45 Richardson Street, Ecke Lorimer Street,
becobar.com) bietet brasilianische Snacks und leckere Cocktails. Wenn Ihnen der Sinn eher nach etwas Süßem steht: Die
Patisserie Tomoko (568 Union Ave, patisserietomoko.com)
wartet mit einer ganzen Theke voller Köstlichkeiten.

Im Norden von
Williamsburg:
Jetzt einfach
gemütlich los-
schlendern.

8–9

Über die Richardson Street und weiter auf der 11th Street geht es nun bis zur Bedford Avenue, der quirligen Hauptachse Williamsburgs. Biegen Sie nach links ab und schlendern Sie gemütlich die hübsche Straße mit den bunten und niedrigen Bauten entlang. Die Atmosphäre hier ist einmalig.

9–10

Die Geschäfte entlang der Bedford Avenue sind witzig, stilvoll und trendy. Vinyl-Fans werden Ecke 9th Avenue bei Earwax Records (earwaxrecords.net) ihre Freude haben. Legen Sie zwischen N 5th und N 4th Street einen Halt in der Mini-Mall ein: Die kleinen Boutiquen warten mit witzigen Mitbringseln und ausgefallener Designermode auf.

Schlendern Sie weiter in Richtung Süden bis zur Maison Premiere (298 Bedford Ave, maisonpremiere.com). Dies ist eine der hübschesten Cocktailbars der Nachbarschaft. Im Stil der 1920er-Jahre gehalten, gibt es hier delikate Getränke, darunter etwa einen »Old King Cole Martini«, und eine wunderbare Austern-Happy-Hour.

10–11

Entlang der Grand Street geht es nach Westen Richtung Wasser, rechts auf die Kent Avenue und weiter bis N 6th Street.

11–12

An der N 6th Street wartet auf der rechten Seite die Music Hall of Williamsburg (musichallofwilliamsburg.com), einer der legendären Live-Clubs der Gegend. Das Programm ist immer gut: Vielleicht schließen Sie ja den Spaziergang mit dem Besuch eines Konzerts ab? Oder Sie gehen die N 6th einfach noch etwas auf und ab, denn hier gibt es nette Läden und Bars.

12–1

Genug Atmosphäre in Williamsburg aufgesogen? Dann drehen Sie auf der N 6th wieder um und machen sich auf den Weg in Richtung Wasser: Denn am Fährterminal geht's wieder zurück nach Manhattan.

KLEINE PAUSE

Kleiner Energieschub gefällig? Die bunten Kuchen bei **Martha's Country Bakery** (263 Bedford Avenue; https:// marthascountrybakery.com) sind perfekt für eine Pause mit Kaffee oder Tee. Vor der Tür kann man sich auf einer kleinen Holzbank ausruhen.

Eines der typischen gelben Taxis winkt man sich in
New York einfach am Straßenrand heran.

Praktische Informationen

Was vor der Reise wichtig ist und wie Sie vor Ort gut zurechtkommen, erfahren Sie hier.

Seite 180–192

Auskunft
Touristinformation
151 West 34th St. (zw. Seventh Ave. und Broadway); NYC & Company, 810 Seventh Avenue, New York, NY 10019
Tel. 1-800 NYC-VISIT; www.nycgo.com: Hier erfahren Sie alles – von den Öffnungszeiten der Sehenswürdigkeiten bis hin zu Einkaufstipps.

Internet
www.nycgo.com, www.newyork.de: Allgemeine Infos zu Veranstaltungen, Wissenswertem und Neighborhoods (Nachbarschaften) der Stadt
www.mta.info: Metropolitan Transit Authority, Auskunft zur Subway und zum Busnetz
www.nyc.gov: Offizielle Website von New York City
www.ny.gov: Offizielle Website von New York State

Botschaften
Botschaft der Vereinigten Staaten von Amerika in Deutschland
Pariser Platz 2, 10117 Berlin
Tel. (030) 8 30 50
https://de.usembassy.gov/de
in Österreich
Boltzmanngasse 16, 1090 Wien
Tel. (01) 31 33 90
http://german.austria.usembassy.gov
in der Schweiz
Sulgeneckstrasse 19, 3007 Bern
Tel. (031) 3 57 70 11
https://ch.usembassy.gov

Elektrizität
Die Stromspannung beträgt 110/120 Volt (60 Hz). Nehmen Sie einen Adapter mit. Wegen der niedrigeren Spannung benötigt man auch einen Transformator, wenn das Gerät nicht umstellbar ist.

Ermäßigungen
In vielen Museen, Sehenswürdigkeiten, im Theater und bei Bahnfahrten erhalten Senioren Ermäßigungen. Das Anfangsalter variiert von 55 bis 65. Man muss beim Ticketkauf nach einem Rabatt fragen und eventuell den Ausweis zeigen. Auch Gruppen ab 20 Personen können mit Vergünstigungen rechnen. Inhaber eines Internationalen Studentenausweises bekommen bei vielen Attraktionen Ermäßigung. Kleinkinder unter 3 sind bei vielen Attraktionen frei.
Zu empfehlen ist der CityPass, der bei vielen Sehenswürdigkeiten bis zu 50 % des Eintrittspreises und zudem das Anstehen ersparen kann. Der Pass kostet 125 $ und ist neun Tage gültig, erhältlich bei NYC & Company sowie online: www.citypass.com.

Feiertage
1. Jan.: Neujahr
3. Mo. im Jan.: Martin Luther King Day
3. Mo. im Feb.: President's Day
Letzter Mo. im Mai: Memorial Day
4. Juli: Independence Day
1. Mo. im Sept.: Labor Day
2. Mo. im Okt.: Columbus Day
11. Nov.: Veteran's Day
4. Do. im Nov.: Thanksgiving
25. Dez.: Weihnachten

Geld
Landeswährung ist der US-Dollar ($). Für den Euro gilt: 1 € = ca. 1 $; 1 $ = ca. 1 € (tagesaktueller Wechselkurs auf www.oanda.com)
Bargeld: Ein Dollar hat 100 Cents. Es gibt Geldscheine zu 1 $, 5 $, 10 $, 20 $, 50 $ und 100 $. Im Umlauf sind auch größere Scheine, die aber nicht überall akzeptiert werden. Es gibt fünf verschiedene Münzen: Den *penny* (1 Cent), den *nickel* (5 Cents), den *dime* (10 Cents), den *quarter* (25 Cents) und den *half dollar* (50 Cents).
Kreditkarten (AMEX, Visa, MasterCard, Diners Club) werden fast überall akzeptiert – aber den Ausweis mitführen. Bankkarten mit V-Pay-Logo können in den USA nicht eingesetzt werden.
Sperrnummern: Unter der einheitlichen Sperrnotruf-Nummer 0049 116 116 (sperrnotruf.de) kann man deutsche Kreditkarten, Online-Banking-Zugänge, Handys und die elektronische Identitätsfunktion des neuen Personalausweises bei Verlust sperren las-

sen. Für Österreich gilt die Telefonnummer:
0043 17 17 01 45 00. Die Schweiz hat keine
einheitliche Notfallnummer. Die wichtigsten
sind: 0041 04 46 59 69 00 (Swisscard);
0041 04 48 28 35 01 (UBS Card Center);
0041 04 42 00 83 83 (VISECA);
0041 04 48 28 32 81 (Postfinance)

Gesundheit

Es empfiehlt sich, eine **Krankenversicherung** mit einer Deckung von mindestens
1 Million $ abzuschließen, da die Behand-
lungskosten in den USA hoch sind. Man wird
zuerst medizinisch versorgt und anschließend zur Kasse gebeten. Die Krankenversicherung sollte auch evtl. **Zahnarztkosten**
decken. Es gibt zwar viele Zahnärzte, aber
sie sind sehr teuer.
Apotheken gibt es viele, aber wer regelmäßig Medikamente nimmt, sollte sie mitbringen (und die Verschreibung für den Zoll mitführen).
Tag und Nacht geöffnete Apotheken sind:
Duane Reade (250 West 57th Street/Broad-
way, Tel. 212/541-9708); Rite Aid (301 West
50th Street/8th Avenue, Tel. 212/265-2101).

In Kontakt bleiben

Post: Das Hauptpostamt befindet sich in der
8th Avenue 421/33rd Street und hat 24
Stunden geöffnet. Die größeren Postämter
haben Mo–Fr 8–18, Sa 9–13 Uhr geöffnet.
Briefkästen finden Sie an den Straßenkreu-
zungen.
Telefonieren: Öffentliche Telefone gibt es
seit Mai 2022 nicht mehr. Es existieren lediglich noch wenige Telefonzellen, die sich in
Privatbesitz befinden, aber auch von der Öffentlichkeit genutzt werden können.
Für Gespräche innerhalb der USA wählt man
die 1 plus Vorwahl. Unter der 411 bekommt
man Auskunft über Telefonnummern in den
USA. R-Gespräche mit »Deutschland Direkt« unter Tel. 1 800 292 0049.
Mobil telefonieren: Mobilfunkanbieter bieten die Option, dass Sie Ihr eigenes Handy
benutzen (ggf. müssen Sie eine neue US-
SIM-Karte kaufen). Informieren Sie sich bei
Ihrem Anbieter zu Hause über die Gebüh-
ren. Bekannte Mobilfunkunternehmen sind
Verizon, AT&T, T-Mobile und Sprint. Wö-

chentliche Mietangebote finden Sie unter
www.cellhire.com.

Internationale Vorwahlen:
Deutschland: ☎ 0049
Österreich: ☎ 0043
Schweiz: ☎ 0041
USA: ☎ 001

WLAN und Internet: Times Square, Byrant
Park, die Bowling Green Hall und der Union
Square sind mit WLAN ausgestattet (www.
nycwireless.net). Zudem wurden rund 2000
Internetkioske mit dem Namen "LinkNYC"
eingerichtet. Weitere sollen hinzukommen.
Hier kann man mit WLAN ins Internet gehen
und Batterien aufladen. Viele Cafés, Hotels
und Bars bieten kostenlosen Internetzugang.
Sogar die U-Bahn wirbt mit WLAN, allerdings
funktioniert es bisher nur bedingt.

Notrufe
Allgemeiner Notruf/Polizei: ☎ 911
Notarzt: ☎ 911
Feuerwehr: ☎ 911

Reisedokumente

Urlauber aus Europa müssen den Reisepass
sowie eine elektronische **Einreiseerlaubnis**
(Visa-Waiver-Formular) mitbringen.
Das Visa Waiver Program ermöglicht die
visumfreie Einreise in die USA. Vor Reisean-
tritt muss im Rahmen des **ESTA-Verfahrens**
eine elektronische Einreisegenehmigung
(ESTA – Electronic System For Travel Authori-
zation) beantragt werden; online unter:
https://esta.cbp.dhs.gov/esta (Gebühr: 21 $).
Infos unter: www.esta-online.org.
Wer in den USA ein Auto mieten möchte,
muss seinen **nationalen Führerschein** vor-
zeigen, ein internationaler Führerschein ist
in der Regel nicht notwendig.

Reisezeit

Die besten Zeiten für eine Reise nach New
York sind **Mai**, **Juni**, **September** und **Oktober**. Im Sommer, besonders im Juli und August, wird es sehr heiß und feucht mit Tem-
peraturen von mehr als 35 °C, die
Luftfeuchtigkeit kann bis zu 90 % betragen.
In der Nacht kühlt es kaum merkbar ab. Alle

paar Jahre gibt es in den Wintermonaten Blizzards (Schneestürme), aber normalerweise beträgt die jährliche Schneemenge weniger als 60 cm. Starker Schneefall, insbesondere um die Weihnachtszeit, bringt die Stadt meist am ersten Tag aus dem Takt, dann läuft alles wieder wie gewohnt.

Sicherheit

Die Kriminalitätsrate geht in New York weiterhin zurück. Achten Sie aber immer auf Ihre Umgebung und Ihre Wertsachen und treffen Sie sinnvolle Vorsichtsmaßnahmen. An vollen Plätzen, z. B. Penn Station, Union Square, Canal Street und Times Square, und vor allem in der U-Bahn zur Rushhour sollten Sie auf Ihre Brief- und Handtaschen aufpassen.

Begeben Sie sich nachts in der U-Bahn in die *after-hours waiting areas* und benutzen Sie den mittleren Waggon, wo der Schaffner sitzt. Vor allem Frauen sollten nachts mit dem Taxi nach Hause fahren, besonders von wenig befahrenen Gegenden in der West Side wie Chelsea und TriBeCa.

Im Dunkeln sollte man nicht allein durch einsame Straßen oder den Central Park gehen. Nehmen Sie nur so viel Bargeld wie nötig mit und lassen Sie Wertsachen im Hotel. Zeigen Sie Diebstähle an (für die Versicherung).

Zeit

In New York gilt die **Eastern Standard Time**, die sechs Stunden hinter der Mitteleuropäischen Zeit liegt.

Zollbestimmungen

Sie dürfen keine frischen Lebensmittel aus Tiererzeugnissen, Pflanzen, Samen und Milch einführen. Wenn Sie Bargeld über 10.000 $ mitbringen, müssen Sie es bei der Einreise anmelden.

ANREISE

New York ist gut vernetzt, sowohl im Luftverkehr als auch durch Bus und Bahn. Auf den Highways und in der Rushhour müssen Sie mit stockendem Verkehr rechnen.

... mit dem Flugzeug

New York hat drei große Flughäfen – John F. Kennedy (JFK; www.jfkairport.com), Newark Liberty (EWR; www.newarkairport.com) sowie La Guardia (LGA; www.laguardiaairport.com).

Die meisten internationalen und nationalen Fluggesellschaften fliegen JFK und Newark an, während in La Guardia nur wenige internationale Flüge ankommen. Es gibt Direktflüge von Deutschland (Düsseldorf, Frankfurt/Main, München), Österreich (Wien-Schwechat) und der Schweiz (Zürich-Kloten). Flüge von anderen Flughäfen Deutschlands (z. B. aus Hamburg, Hannover) legen mitunter einen Zwischenstopp in London-Heathrow oder in einer anderen europäischen Stadt ein.

Die Flugpreise sind im Sommer sowie an Weihnachten und zu Ostern am höchsten. Flüge, bei denen man umsteigen muss, sind oft günstiger. Die Preise für einen kurzen Aufenthalt liegen immer höher, wenn kein Samstag eingeschlossen ist.

Die ungefähre Flugzeit beträgt von Frankfurt/Main aus ca. 7 Stunden, von Wien ca. 10 Stunden und von Zürich aus ca. 9 Stunden. Die Flughafensteuer ist in der Regel im Ticketpreis eingeschlossen.

Vom Flughafen in die Stadt

Taxis sind die einfachste und bequemste Möglichkeit, um von allen drei Flughäfen in die Stadt zu kommen. Schon ab zwei Passagieren lohnt sich ein Taxi (nur der öffentliche Nahverkehr ist billiger). Die Fahrt vom und zum Flughafen geht nach Taxameter exkl. Trinkgeld und Mautgebühr. Nehmen Sie nur die lizenzierten, gelben Taxis, denn private Taxifahrer sind nicht immer vertrauenswürdig.

JFK liegt gut 30 Autominuten von Midtown und kostet pauschal 52 $, dazu kommen 6 $ Tunnelzoll und 10 bis 15 % Trinkgeld. Die Fahrt von Newark dauert ca. 40 Autominuten und kostet zwischen 60 $ und 75 $, plus Zuschläge. La Guardia ist mit ca. 25 Autominuten günstiger.

Je nachdem, wo Sie in Manhattan wohnen, kostet eine Fahrt zwischen 30 $ und 45 $, plus Extras.

Öffentlicher Nahverkehr ist eine gute Wahl, wenn man wenig Geld ausgeben möchte und leichtes Gepäck hat (von JFK und EWR aus). Die Fahrt kostet weniger als 15 $. Der Air Train (5 $) bringt Sie von JFK an die Stationen Howard Beach (Anbindung an die U-Bahnen A) und Jamaica Station (Anbindung an E, J und Z). Nach Midtown dauert die Fahrt ca. 60 Minuten.

Für die Einzelfahrt mit der **Subway** müssen Sie 2,75 $ bezahlen. Ein Kombiticket am Automaten kostet 7,50 $. Für eine neue **Metrocard** müssen Sie am Automaten zudem 1 $ bezahlen (Sie können die Karte danach immer wieder aufladen).

Von Jamaica Station aus kommen Sie zudem mit der **Long Island Railroad (LIRR)** zur Penn Station (34th Street). Ein Kombiticket für LIRR und Air Train kostet 15,50 $. Am Newark Airport fährt der **AirTrain** kostenlos bis zur Zugstation des New Jersey Transit (www.njtransit.com). Ein Ticket bis Penn Station in Manhattan kostet 13 $, die Fahrt dauert ca. 20 Minuten. Der **NYC Airporter** (19 $ Einzelticket, 36 $ hin und zurück, tel. 718/777-5111, www.goairlinkshuttle.com) fährt alle 30 Minuten von JFK und La Guardia zu Port Authority Bus Terminal, Grand Central Station und zur Pennsylvania (Penn) Station. An Bord gibt es freies WiFi.

Nach Newark fährt der **Newark Liberty Airport Express** (Tel. 877/863-92 75, www.newarkairportexpress.com), der an der Pennsylvania (Penn) Station, am Busbahnhof Port Authority und am Bryant Park hält und 16 $ Einzelfahrt und 28 $ Return kostet.

Der **SuperShuttle Manhattan** (rund um die Uhr; Tel. 212/258-38 26 oder 800/258-3826, www.supershuttle.com) bietet einen Minibusservice, der alle drei Flughäfen mit verschiedenen Punkten in Manhattan verbindet – ab 19 $, je nach Ankunftsadresse.

... Zug und Bahn

Anreisemöglichkeiten für Reisende aus Kanada oder aus den Vereinigten Staaten sind die Züge der **Amtrak** (Tel. 800/872-7245; www.amtrak.com), die an der Pennsylvania Station (33rd Street, Ecke 7th Avenue, Tel. 212/630-6400) ankommen. Amtrak, **Long Island Railroad** und **New Jersey Transit Trains** halten an der Penn Station. Von hier kann man mit der U-Bahn oder dem Taxi weiterfahren.

Überlandbusse wie **Greyhound** aus den USA oder Kanada kommen am Port Authority Bus Terminal (8th Avenue, Ecke 42nd Street, Tel. 212/564-8484) an. Außerdem befindet sich hier ein Knotenpunkt mehrerer U-Bahnen. Günstigere Alternativen bietet **Megabus** (http://us.megabus.com). Am Grand Central Terminal (Park Avenue an der 42nd Street; Tel. 212/532-4900) kommen die Pendelzüge der **Metro North** aus Connecticut und den Vororten an; auf der East Side gelegen.

... mit dem Auto

JFK: Autofahrer fahren nach Norden auf den Van Wyck Expressway (Interstate 678) und dann westlich auf dem Long Island Expressway (I-495) bis zum Queens-Midtown-Tunnel.

EWR: Autofahrer nehmen die Interstate 95 nach Norden und dann die Route 495 nach Osten zum Lincoln Tunnel.

LGA: Autofahrer nehmen den Grand Central Parkway in Richtung Westen und orientieren sich zur Triborough Bridge. Nach der Ausfahrt Manhattan weiter in Richtung FDR Drive (Franklin D Roosevelt Drive).

UNTERWEGS IN NEW YORK

... mit dem öffentlichen Nahverkehr

Die **U-Bahn** ist die schnellste Möglichkeit, sich in Manhattan fortzubewegen. Sie gilt als sicher – achten Sie dennoch auf Ihre Wertsachen. Nachts sollte man den Waggon besteigen, in dem der Schaffner sitzt. Informieren Sie sich unter www.mta.info über (an Wochenenden nicht unübliche) Fahrplanänderungen.

Wenn Sie nicht von den üblichen Touristenpfaden abweichen wollen, reichen Ihnen wenige ausgewählte U-Bahn-Linien: Die Linien 1, B und C verkehren entlang Manhattans Westseite. Dabei handelt es sich um sogenannte Locals, sie halten an jeder Station. Die Linien 2, 3, A und D sind Expresszüge, die nur an großen Bahnhöfen halten. Die Linien 4, 5 und 6 verkehren entlang der

Ostseite. Linie 6 ist eine Local, 4 und 5 sind Expresszüge. Die Linien F, N, Q und R verkehren zwischen der Ost- und der Westseite von Midtown und Downtown.

Busse eignen sich für Erkundungsfahrten quer durch die Stadt, sind allerdings langsamer als U-Bahnen. Quer durch Manhattan zwischen East und West Side fahren Busse auf der Houston, 14th, 23rd, 34th, 42nd, 49th, 57th, 66th, 72nd, 81st, 86th und 96th Street. Nach Norden fahren Busse auf der 1st, 3rd, Madison, 6th und 8th Avenue. Nach Süden fahren Busse auf dem Broadway, der 2nd, Lexington, 5th, 7th und 9th Avenue.

Fahrkarten

Für eine U-Bahn-Fahrt benötigt man eine **MetroCard**, die es an den Stationen, in Touristeninformationen, an MetroCard-Verkaufsstellen sowie an Kiosken und Zeitschriftenständen gibt. Der Preis von 2,75 $ beinhaltet eine Fahrt mit den städtischen Bussen (innerhalb von zwei Stunden). Die Karte muss am Drehkreuz am Eingang der U-Bahn-Station entwertet werden. Wenn Sie schweres Gepäck haben, lassen Sie sich vom Aufseher den Durchgang öffnen. Eine Einzelfahrt kostet 2,75 $. Für Mehrfachfahrten lohnt es sich, am U-Bahn-Automaten eine Wochenkarte (33 $, MetroCard weekly pass) oder eine Streifenkarte für Einzelfahrten zu kaufen. Tageskarten gibt es nicht. Wer über zwei Wochen in New York und viel unterwegs ist, kann auch eine Monatskarte erwerben (127 $, 30-day pass). Für eine neue MetroCard müssen Sie am Automaten zudem einmalig 1 $ bezahlen (Sie können die Karte danach immer wieder aufladen).

...mit Sightseeing-Touren

Gut erkennbar sind die roten Doppeldecker-Busse von **Grayline Tours** (777 8th Avenue, zwischen 47th und 48th Street; Tel. 800/660-0051; www.newyorksight seeing.com). Für 59 $ kann man 48 Stunden lang und mit beliebig vielen Stopps die Stadt erkunden.
Auf dem Wasser führt Sie die Flotte von **Circle Line** (Pier 83, 42nd Street/Hudson River; Tel. 212/563-3200; www.circleline42. com) zu den besten Blicken auf die Skyline. Tickets kosten ab ca. 40 $.
Abends drehen DJs auf Partybooten weiterer Anbieter die Musik auf.
Wer den Blick von oben haben möchte: **Liberty Helicopters** ermöglicht ab 214 $ pro Person Rundflüge über den Big Apple (6 Greenriver Bikeway 212/7865-751; www.libertyhelicopters.com)

... mit dem Auto/Mietwagen

Der beste Tipp fürs Autofahren in New York: Fahren Sie besser nicht selbst! Verkehrsstaus sind in Manhattan üblich, Parken ist südlich der 70th Street meist äußerst schwierig. Parkhäuser sind außerdem extrem teuer, Midtown müssen Sie für eine Stunde ab 25 $ rechnen. Fahrten während der Rushhour sollte man so gut es geht vermeiden. Die New Yorker sind ungeduldige Fahrer – ein Hupkonzert ist keine Seltenheit. 30 mph (miles per hour; entspricht 48 km/h) bedeuten Höchstgeschwindigkeit, wenn nicht anders angegeben. Sich im Auto anzuschnallen ist Pflicht, Kindersitze sind vorgeschrieben.

... mit dem Taxi

Um ein Taxi anzuhalten, hebt man am Straßenrand den Arm, wenn man eines sieht. In der Rushhour (wochentags 7–9 und 17 bis 20 Uhr) und bei Regen werden die Taxis knapp. Wenn die vier Buchstaben auf dem Dach erleuchtet sind, ist das Taxi frei. Leuchtet das ganze Zeichen, ist der Fahrer nicht im Dienst. Bei einem besetzten Taxi ist das Zeichen ausgeschaltet und leuchtet nicht.
Die Grundgebühr der gelben Flotte liegt bei 2,50 $, etwa alle drei Blocks kommen 40 Cents dazu. Zwischen 20 und 6 Uhr kostet jede Fahrt zusätzlich 50 Cents (wird als »Extra« auf dem Taxameter angezeigt). Mo–Fr zwischen 16 und 20 Uhr beträgt die zusätzliche Gebühr 1 $. Beachten Sie, dass die Preise plötzlich steigen können, und vergessen Sie das Trinkgeld nicht. Ihr voraussichtliches Fahrtgeld können Sie unter www.worldtaximeter.com berechnen lassen. Kreditkarten werden meist angenommen.

... mit Chauffeurdiensten

Sogenannte **car services** sind eine Alternative zum Selbstfahren und zu den öffentlichen Verkehrsmitteln. Man kann sich stundenweise ein Stadtauto oder eine Limousine mieten. Die Gebühr beträgt 35 $ pro Stunde, zwei Stunden sind Minimum. Auch günstigere Einzelfahrten gibt es. Folgende Firmen bieten diesen Service an: Allstate Private Car and Limousine Service (Tel. 212/333-3333 oder 800/453-4099, www.allstatelimo.com) und Carmel Car Service (Tel. 212/666-6666, oder 800/9-CARMEL, www.carmelcarservice.com). Ihre Hotelrezeption hilft Ihnen weiter.

... zu Fuß

New Yorker gehen schnell und sind bisweilen erkennbar genervt von langsamen Touristen, bleiben Sie also besser nicht allzu plötzlich stehen. Viele überqueren auch bei roter Ampel die Straße, das kostet eine geringe Geldstrafe, wird aber kaum verfolgt. Achten Sie aber unbedingt auf den Verkehr und auf Fahrradfahrer auf den Radwegen, von denen es immer mehr gibt. Folgen Sie niemals anderen blind über den Zebrastreifen.

Zur Orientierung: Die Häuser auf der Süd- und Westseite der Straßen haben in der Regel gerade Hausnummern, die auf der nördlichen und der östlichen Seite ungerade. Diese Faustregel gilt mehr oder weniger nördlich der Houston Street; südlich davon kann man sich nicht immer darauf verlassen. Die Avenues (nummeriert oder mit Namen) verlaufen in nordsüdlicher Richtung durch Manhattan, die nummerierten Streets in ost-westlicher Richtung. Straßen mit niedrigen Hausnummern befinden sich in der Downtown, Straßen mit hohen Hausnummern in der Uptown. Oberhalb des Washington Square Park trennt die 5th Avenue die East Side von der West Side.

... mit dem Fahrrad

Es gibt erstaunlich viele Radwege – vor allem entlang des Hudson River und am East River, wo kein Verkehr herrscht. Selbst mitten im Stadtverkehr lässt es sich gut radeln, in Anlagen wie dem Central Park sowieso.

Ausleihstationen der blauen Citi Bikes (www.citibikenyc.com) finden Sie gefühlt an jeder zweiten Ecke. Es gibt aber auch viele **Radläden**, die Räder für Ganztagestouren verleihen.
Bikemaps können Sie sich im Internet runterladen: www.nyc.gov/html/dot/html/bicyclists/bikemaps.shtml

... mit der Fähre

Die kostenlose Staten Island Ferry verbindet Manhattan mit Staten Island. Brooklyn und New Jersey werden von den New York Water Taxis angefahren (www.nywatertaxi.com).

ÜBERNACHTEN

Die meisten Hotels liegen in Midtown. Es können aber auch andere Gegenden reizvoll sein, und dank der guten Verkehrsverbindungen kommen Sie schnell überallhin. Reservieren Sie Ihre Unterkunft einige Zeit im Voraus – spätestens bei der Buchung Ihres Fluges – und fragen Sie dabei auch nach saisonalen Sonderpreisen oder (Firmen-, Wochenend-, Senioren-, Familien-) Ermäßigungen. Informationen bekommen Sie bei AAA, New York (1881 Broadway; 212/757-2000; www.aaany.com) oder bei NYC & Company (810 7th Avenue; (800)NYC-VISIT oder 212/848-1200; www.nycgo.com), die auch eine Broschüre mit Anleitung zur Buchung von Unterkünften herausgibt. Der **Oyster Hotels Guide** (888/776-9783; www.oyster.com) betreibt eine hilfreiche Website mit Hotelkritiken anonymer Tester. Auch eine Buchung ist hier möglich.
Auf Webseiten wie **www.airbnb.com** finden Sie Zimmer in New Yorker Privatwohnungen. Viele Hotels bieten auch Reduzierungen über Specials an, die direkt auf ihrer Homepage zu buchen sind. Fragen Sie im Hotel Ihrer Wahl nach behindertengerechten Einrichtungen.

Preise für das jeweils preiswerteste Doppelzimmer pro Nacht ohne Frühstück, exkl. Steuer (14,75 %).

$	unter 250 $
$$	250–500 $
$$$	über 500 $

Midtown

Ritz Carlton, Central Park $$$
In diesem noblen Stadthaus finden Sie in den Zimmern Ferngläser für eine noch bessere Aussicht auf den Park. Sie können sogar das hoteleigene Auto für Stadtexkursionen mieten (tägl. 15–22 Uhr).
🛩 199 E3 ✉ 50 Central Park South ☎ 212/308-9100 🌐 www.ritzcarlton.com

Shoreham $$
Das moderne und angenehme kleine Boutiquehotel liegt nahe der Fifth Avenue. Die 177 Zimmer und 42 Suiten bieten innovative Wohnideen.
🛩 199 D3 ✉ 33 West 55th Street, zwischen 5th und 6th Avenue ☎ 212/632-9070 🌐 www.shorehamhotel.com

TRYP by Wyndham $
Direkt am Broadway, mit vielen Annehmlichkeiten. Aus der Penthouse-Suite haben Sie einen fantastischen Blick.
🛩 198 C3 ✉ 345 West 35th ☎ 212/600-2440 🌐 www.tryphotels.com

Uptown

Aloft Harlem $$
Der Central Park ist in greifbarer Nähe, das Apollo Theater um die Ecke, ebenso die Ausgehviertel von Harlem. Das Hotel bietet helle, gemütliche Zimmer; die bunte Snackbar am Morgen macht gute Laune.
🛩 202 B4 ✉ 2296 Frederick Douglass Boulevard ☎ 212/749-4000 🌐 www.aloftharlem.com

Hotel Beacon $$
Die großen, schön eingerichteten Zimmer und Suiten mit Küchen und Marmorbädern machen dieses Upper-West-Side-Kleinod zu einem Familienhotel. Gute Lage (nahe Central Park, Lincoln Center). Die oberen Etagen bieten tolle Aussicht auf Midtown, Hudson River und Central Park.
🛩 200 A2 ✉ 2130 Broadway, Ecke 75th Street, 10023 ☎ 212/787-1100 und (800) 572-4969 🌐 www.beaconhotel.com

The Carlyle $$$
Das Carlyle ist die Adresse für diskreten Luxus und persönliche Betreuung. Es gibt hier insgesamt 193 Suiten und Juniorsuiten, manche mit Terrasse, Esszimmer und Blick auf den Central Park. Im Erdgeschoss finden Sie im Café Carlyle und der Bemelmans Bar feinstes New Yorker Nachtleben.
🛩 199 F5 ✉ 35 East 76th Street, zwischen Park und Madison Avenue ☎ 212/744-1600 und 888/767-3966 🌐 www.rosewoodhotels.com

Lower Manhattan

The Roxy Hotel Tribeca $$
Das Hotel ist um ein achtstöckiges Atrium herum angelegt und wirkt für das Viertel beinahe zu riesig. Die Räume verfügen über eine iStudio-Anlage und iPad oder MacBook.

🛩 194 C4 ✉ 310 West Broadway ☎ 212/965-3000 🌐 www.sohogrand.com

🛬 194 C4 ✉ 2 Avenue of the
Americas ☎ 212/519-6600
🌐 www.roxyhotelnyc.com

Empire State bis Greenwich Village

Ace Hotel $$
Das stylishe West Coast Boutiquehotel der
Marke Ace bietet Qualität und ist zugleich
lässig und hip. Um die Ecke vom Empire gelegen, 275 Zimmer. Sein Restaurant ist das
viel gelobte »Breslin«.
🛬 197 D4 ✉ 20 West 29th Street
☎ 212/679-2222 🌐 www.acehotel.com

The Greenwich Hotel $$$
An der Ecke von Greenwich Street und
North Moore Street in TriBeCa gelegen, ist
das Hotel mit seinen individuell eingerichteten 75 Zimmern und 13 Suiten eine herrlich
schicke Stadtoase. Tibetische Teppiche,
englische Ledersessel, Betten aus Schweden
und marokkanische Badezimmerkacheln
verleihen internationales Flair, der grüne
Innenhof und ein eleganter Poolbereich
stehen für New Yorker Eleganz.
🛬 194 B4 ✉ 377 Greenwich Street
☎ 212/941-8900 🌐 www.thegreenwich
hotel.com

ESSEN UND TRINKEN

Zwar gibt es keine echte »New Yorker
Küche«, dafür vereinen sich in den über
23 000 Restaurants der Metropole Rezepte
und Geschmacksrichtungen aus aller Welt.
Lokale: Die klassischen New Yorker Lokale
reichen von alteingesessenen Feinschme-
ckerrestaurants bis zu Delikatessenläden,
die jüdische Gerichte wie in alten Zeiten anbieten. Um das richtige Gefühl für die Stadt
zu bekommen, sollte man die unterschied-
lichsten Varianten einmal ausprobieren –
vor allem die ethnische Bandbreite.
Die traditionelle Küche der meisten Einwan-
derergruppen ist in New York gut vertreten,
mitunter dominiert sogar eine bestimmte
Küche ein ganzes Viertel.
Zum **Frühstück** sind New Yorker schnell unterwegs, den Kaffee gibt es »to go«, dazu
einen Bagel mit Cream Cheese oder ein BLT

Sandwich (Speck, Salat, Tomate). Am **Mittag**
trifft man sich geschäftlich zum Lunch oder
setzt sich mit einem Salat von der Theke in
den Park. Am **Abend** stehen dann die größeren Portionen an.

Was gibt es wo?
Uptown entlang der Columbus und Amsterdam Avenue, zwischen 86th Street und Lincoln Center (64th Street) auf der West Side
sowie 2nd Avenue auf der East Side, gibt es
trendbewusste Lokale der mittleren Preis-
klasse, in denen immer viel los ist.
In **Harlem** entwickelt sich eine neue Food-
szene entlang des Frederick Douglass Boulevard. Im **Theater District** kann man auf der
»Restaurant Row« (46th Street) – zwischen
8th und 9th Avenue – vor oder nach dem
Theater schnell (und generell überteuert)
etwas essen. Spannend ist »**Korea Town**«
(liegt zwischen 5th Avenue und Broadway in
den unteren 30er-Straßen). Manche Lokale
haben hier 24 Stunden geöffnet. Auf **Chel-
seas** 8th Avenue – zwischen 14th und 23rd
Street – gibt es viele neue Restaurants mit
internationaler Küche. Die kleine Cornelia
Street im **Greenwich Village** ist mit zahlreichen, überdurchschnittlich guten Restaurants gesegnet; auch die kuriosen Lokale
der West 4th Street zwischen 7th und 8th
Avenue lohnen einen Besuch. Das **East
Village** ist bekannt für seine indische Küche,
besonders in der East 6th Street zwischen
1st und 2nd Avenue. Beim St. Mark's Place
haben etliche vielseitige Cafés bis in die
Nacht geöffnet. In **SoHo** gibt es viele aufregende und teure kleine Restaurants. In **Chinatown** und **Little Italy** wird heute hauptsächlich für Touristen gekocht. Außer Sie
gehen in Chinatown in die kleinen Seitenstraßen, da ist es authentischer.

Gut und günstig
Zahlreiche Spitzenrestaurants bieten mittags ein Menü an, das oft bis zu 25 % günstiger als ein Abendessen ist. Manche Edelres-
taurants beteiligen sich auch an der
Restaurant Week mit einem Festpreis-Lunch
oder einem ähnlichen Angebot am Abend.
Eine Liste solcher Lokale ist bei der NYC &
Company erhältlich. Auch in vielen Bars und

Cafés gibt es günstige Mittagsmenüs. Ebenfalls zu empfehlen sind spezielle Pre- oder Post-Theater Menus.

Tischreservierungen

Einige sehr begehrte Restaurants nehmen Reservierungen bereits 30 Tage im Voraus an; bei manchen muss man die Reservierung am Tag des Essens bestätigen. In einigen berühmten Restaurants sollte man am besten schon vor der Anreise einen Tisch reservieren. Auch wenn man mal spät dran ist, lohnt der Versuch einer telefonischen Tischreservierung – mitunter hat man Glück. Wer am Vorabend oder am selben Tag anruft, bekommt manchmal einen kurzfristig frei gewordenen Tisch.
In manchen Restaurants bietet die Bar eine Möglichkeit, ohne Reservierung an ein gutes Essen zu kommen. Viele New Yorker Lokale nehmen aber erst gar keine Reservierungen an, dann heißt es Schlange stehen oder an der Bar warten. Aber auch das kann reizvoll sein.

Service, Sitten und Gebräuche

Wundern Sie sich beim Ausgehen mit Locals nicht, dass flott gegessen – und ebenso schnell abgeräumt wird. Halbleere oder leere Teller stehen zu lassen, gilt in den USA als Zeichen für schlechten Service. Stundenlanges Sitzen am Tisch wie in Europa gibt es hier kaum, die nächsten Hungrigen warten. Entspannter ist es dann beim Drink an der Bar, da wird Sie keiner verscheuchen.
Aber auch hier gilt: New York ist teuer, das zeigt sich schnell auf Ihrer Rechnung. Vor allem Alkohol geht ins Geld: Ein Bier kostet im Schnitt 8 $, ein Glas Wein ab 12 $ und ein Cocktail ab 15 $. Die beliebten Happy Hours machen den Drink am Abend etwas erschwinglicher. Am Wochenende locken Brunch-Lokale mit Bottomless Mimosa-Deals – so viele Sektgetränke, wie man stemmen kann, für einen Grundpreis. Kleine Restaurants ohne Alkohollizenz erlauben BYOB (Bring Your Own Bottle), manchmal wird eine kleine Corking Fee erhoben (meist 5–10 $). Es ist strengstens verboten, auf der Straße Alkohol zu trinken! Geraucht werden darf ebenfalls nicht, selbst auf Terrassen und vor der Tür von Bars ist es verboten.
Auf die Rechnung kommt dann noch zusätzlich eine Steuer von 8,875 %. Kein Trinkgeld zu geben geht in New York gar nicht, im schlimmsten Fall kommt der Manager. Bei schlechtem Service geben Sie nur 15 % Trinkgeld. Bei gutem Service ist ein Trinkgeld von 20 % üblich. Gute Faustregel: die Tax auf der Rechnung verdoppeln. An der Bar ist es üblich, pro Getränk einen Dollar am Tresen liegen zu lassen.

AUSGEHEN

Theater, Tanz und Musik

Das berühmte New Yorker Theaterviertel erstreckt sich entlang des **Broadway** zwischen 40th Street und 53rd Street, dazu gehört noch das Vivian Beaumont Theater im **Lincoln Center**. Am Broadway werden meist Musicals und Aufführungen bekannter Stücke gezeigt. Off-Broadway-Produktionen sind künstlerisch gewagter, Off- Off-Broadway-Aufführungen meist ein echtes Abenteuer mit jeder Menge Energie.
New Yorks bekannteste Tanztheater sind das **New York City Ballet** und das **American Ballet Theater**, die beide im Lincoln Center auftreten. Im **Joyce Theater** in Chelsea gastieren lokale und ausländische Tanzgruppen. Auch das **Alvin Ailey American Dance Theater** auf der 55th Street ist eine spannende Einrichtung.
Das Lincoln Center ist *die* Adresse für **klassische Musik**, Konzerte finden aber überall in der Stadt statt – in kleinen Hallen, Museen, Kirchen, Parks. Den gleichen Stellenwert besitzt das Lincoln Center auch für die **Oper**, hier sind die **New York City Opera** und die **Metropolitan Opera** zu Hause. Überall in Manhattan ist **Jazz** zu hören, der Schwerpunkt liegt im **Village** und in **SoHo**.

Tickets, Reservierung, Veranstaltungsinfos, Schnäppchen

Um einmal zu sehen, wie Shows für das Fernsehen produziert werden, besuchen Sie die NBC Studios: www.nycgo.com/attractions/tour-at-nbc-studios.
Unter www.nytix.com erhalten Sie »Discount Broadway Tickets« für laufende

Broadway Shows. Für Konzerte, Theater- und Broadwayshows empfiehlt es sich allgemein, schon im Voraus Karten zu reservieren, wenn man eine ganz bestimmte oder ganz aktuelle Aufführung sehen will – der Andrang ist immer groß, neue Produktionen sind häufig ausverkauft. Wer lieber spontan entscheiden will, findet im vielfältigen Angebot garantiert eine Alternative. Trotzdem lohnt sich selbst bei begehrten Aufführungen ein Anruf bei der jeweiligen **Theaterkasse**. Häufig gibt es noch Karten für denselben Abend – etwa für Einzelplätze.
Die Theaterkassen sind in der Regel von 10 Uhr bis kurz nach Beginn der Vorstellung geöffnet. Auskunft über Kinos, Anfangszeiten der Filme, Theater und Specials gibt **Fandango**. Der Online-Kartenkauf über die Website erspart einem das Anstehen an der Kinokasse (www.fandango.com).
Auch die Mitarbeiter der **Touristeninformation** geben Auskunft über alle kulturellen Ereignisse. Literaturveranstaltungen unter 800/692-84 74 (NYC & Company; Tel. 212/484-12 22, www.nycgo.com).

Online-Informationen: Zu Theater, Performances, Tanz, Musik, Familienunterhaltung werden Sie bei **NYC/On Stage** fündig, auch Ticketbestellungen sind möglich (www.tdf. org). Wenn Sie eine Show unbedingt sehen möchten und bereit sind, auch einen entsprechenden Preis zu zahlen: **Prestige Entertainment** ist eine Agentur, die häufig noch Karten für »ausverkaufte« Veranstaltungen hat (Tel. 800/243-88 49 oder 203/ 622-51 51; www.prestigeentertainment.com). Eine gute Anlaufstelle für Broadwayshows und Events ist **Telecharge** (Tel. 212/239- 62 00 und 800/447-74 00; www.telecharge. com) - man bezahlt online mit Kreditkarte. Die beste Infoquelle für Theaterfans ist **TheaterMania**, eine nationale Onlineplattform für Theaterinfos und Ticketbestellung. Man kann sich umfassende Theaterprogramme ansehen und direkt Karten reservieren (www. theatermania.com). **Playbill** (www.playbill. com) und **Ticketmaster** (www.ticketmaster. com) funktionieren ähnlich.
TKTS: Bei **TKTS** gibt es verbilligte Karten für Vorstellungen am selben Tag (25–50 % Rabatt). Angebotsabhängig bekommt man Tickets für den Broadway, Off-Broadway, für Tanz-, Opern- und manchmal Orchesteraufführungen. TKTS berechnet eine geringe Gebühr und akzeptiert Bargeld, Kreditkarten oder Gutscheine. Es gibt zwei Verkaufsstellen in der Stadt: am Times Square (47th Street, Ecke Broadway; www.tdf.org; Mo, Di, Fr, 15-20 Uhr, Mi, Do, Sa, 11-20 Uhr und am Lincoln Center, 61 W 62nd, tägl. 12–19 Uhr). Matinee-Karten sind am Vortag der Vorstellung erhältlich. Einige Shows wie Hamilton (http://hamiltonmusical.com/lottery) ermöglichen auf ihren Websites die Teilnahme an einer Lotterie, bei der es Resttickets für den gleichen Tag gibt.

Weitere Informationen: New Yorker Magazine haben einen umfangreichen Kulturprogrammteil, den Sie auch online einsehen können: zum Beispiel die »Weekend Section« in der Freitagausgabe und die »Arts and Leisure Section« in der Wochenendausgabe der »New York Times« (www. nytimes.com). Außerdem erscheinen wöchentlich: »The New Yorker« (www.new yorker.com), das »New York Magazine« (www.nymag.com) und »Time Out New York« (www.timeout.com/newyork).
Gay Community: Für schwule Events lohnt ein Blick in »Time Out's gay section« (www. timeout.com/newyork/section/gay) und »The Center« (www.gaycenter.org).

Bars und Clubs
Vor den meisten Clubs, aber auch vor vielen Bars und sogar Pubs stehen Türsteher, die nach Ihrem Ausweis fragen. Das kann schmeichelnd sein, gehört aber zum Standard, auch wenn Sie die 21 offensichtlich überschritten haben. Viele bleiben beinhart, wenn Sie keine ID mit einem Geburtsdatum vorweisen können. Mindestalter für Alkohol ist 21, wer drunter liegt, darf nicht in die Bar, selbst wenn er keinen Alkohol trinken würde.
In schickeren Clubs wird auch auf das Outfit geachtet. Flip-Flops und Sportschuhe sind ein absolutes No-Go. Informieren Sie sich vor dem schicken Restaurantbesuch, ob Sakkopflicht herrscht. Herren in kurzen

Hosen kommen bei so manchem Türsteher nicht gut an.

EINKAUFEN

Erste Orientierung

Websites wie www.bluefly.com und www.racked.com helfen mit Neuigkeiten aus der Shoppingwelt. Ganze Blocks sind in New York einer bestimmten Ware gewidmet: So kauft man in der 47th Street, zwischen 5th und 6th Avenue, **Schmuck**, in der 26th Street, zwischen 6th und 7th Avenue, **Blumen** und in der 38th Street, zwischen 6th und 7th Avenue, **Stoffe**. Schicke, aber konservative **Designermode** gibt es an der 5th Avenue und der Madison Avenue, beginnend von der 50th Street in Richtung Uptown. In Midtown befinden sich die großen Kaufhäuser; zu den bekanntesten gehören Macy's (Broadway und 34th Street) und Bloomingdale's (Lexington Avenue und 59th Street). SoHo ist die richtige Adresse für junge und trendy Mode und einen Streifzug durch teure Boutiquen. Das East Village und »NoLiTa« (östlich von SoHo) sind die Adressen für ausgefallene Mode. Kunstfans finden spannende Stücke in den Galerien an der Madison Avenue in Uptown, 57th Street in SoHo und in Chelsea sowie an der Lower East Side.

Handeln ist in der Regel nicht möglich, Ausnahmen bilden Flohmärkte und einige Läden an der Lower East Side (die ihre Waren nicht mit Preisschildern kennzeichnen) und manche Elektronikgeschäfte in Midtown. Hochpreisige Waren kauft man (mit Ausnahme der Flohmärkte) besser nicht auf der Straße. Schilder, die einen »Totalausverkauf zu Billigpreisen« ankündigen, sollte man nicht allzu ernst nehmen. Das **Better Business Bureau** (Tel. 212/533-7500) hilft, wenn man sich übers Ohr gehauen fühlt.

Die **Öffnungszeiten** wechseln teils auch jahreszeitlich, daher ist es ratsam, sich vorher telefonisch oder im Internet zu erkundigen. Geschäfte wie Macy's nutzen das Weihnachtsgeschäft voll aus und haben dann bis tief in die Nacht geöffnet. Zum entspannten Shoppen geht man am besten unter der Woche am Vormittag oder frühen Nachmittag in die Kaufhäuser. Manche haben bis in die Abendstunden (oft bis 21 Uhr) geöffnet. Geschäfte in Downtown (südlich der 14th Street) öffnen meist erst am späten Vormittag. Sonntag ist in vielen Stadtteilen ein äußerst beliebter Einkaufstag, in Midtown bleiben dann jedoch einige Läden geschlossen. Kleine sogenannte Delis, die auf engstem Raum Essen, Trinken und Kleinkram anbieten, sind oft rund um die Uhr geöffnet, manche davon verkaufen auch Bier. Wein und Spirituosen gibt es nur in sogenannten Liquor Stores, die in der Regel bis 22 Uhr (auch am Wochenende) geöffnet haben.

Schnäppchen

Wer sich für Modeschnäppchen interessiert, ist bei den Designerausverkäufen gut aufgehoben. Sie werden häufig in den Zeitschriften »New York Magazine» (www.nymag.com) und »Time Out New York» (www.timeout.com/newyork) angekündigt. Nehmen Sie Bargeld mit! Das »New York Magazine» führt wöchentlich eine Liste der »Best Bets« und »Sales and Bargains«. Kleidung zu reduzierten Preisen bieten Century 21 an der Upper West und Läden an der Lower East Side.

VERANSTALTUNGSKALENDER

Ob zu **Halloween** (31. Oktober), dem irischen **St. Patrick's Day** (17. März) oder der **Easter Day Parade** (Ostersonntag) – New Yorker lieben ihre **Paraden**! Die berühmte **Macy's Thanksgiving Parade** (letztes Wochenende im November) ist ein Highlight vor allem für Kinder. Am ersten Novemberwochenende findet der **New York Marathon** statt. Am **4th of July** wird die Unabhängigkeit mit riesigen Feuerwerken zelebriert. Am **31. Dezember** steht sich die Menge am Times Square die Füße platt. Ende Januar wird entlang der Mott Street das **Chinese New Year** mit riesigen Drachen und bunten Kostümen gefeiert.

Cityatlas

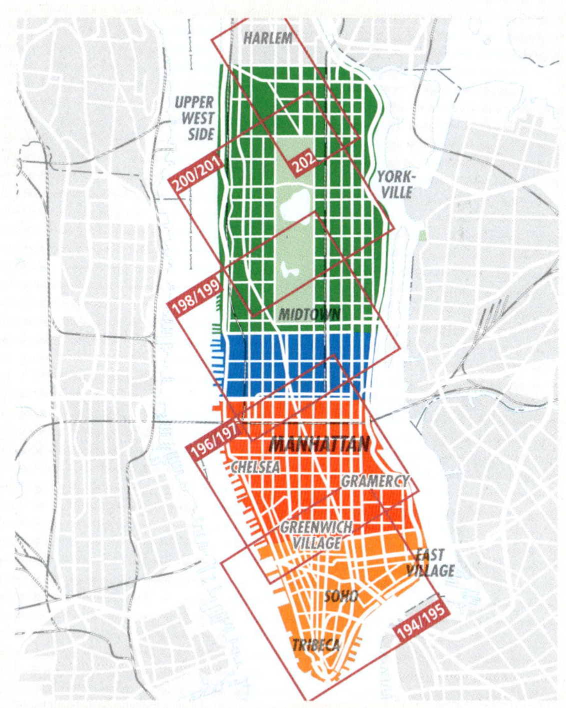

Legende

1 : 18 000

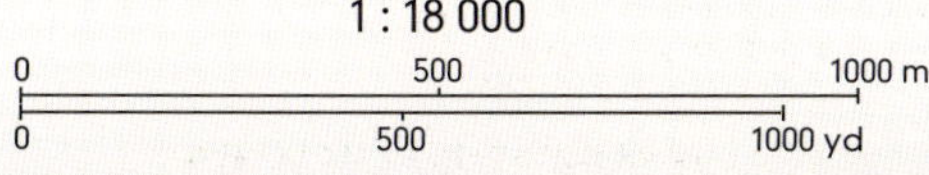

A
B
WEST
Square
SIDE
196
West Houston
West
Downing
C
Mac Dougal
Houston St
M
Street
West Houst
West Street
Washington
Greenwich
King
Charlton
Street
WEST
of the Americas
West Hous
5
BR
1-9
78
Holland Tunnel (Toll)
34
J.N.Y.
Union
Motor
Vandam
VILLAGE
Sullivan
Prince
Spring
Fire Museum
Street
Street
M
Spring St
St
Spring St
Thompson St
West
Broadway
Sc
Hi
Hudson River
Hudson
Dominick
St
Street
Broome
E
C
A
Broome
Watts
Street
Watts St
Thompson
Wooster
Broo
Desbrosses Street
E
C
A
Vestry Street
M
Canal St
Grand
Street
Wooster
Gree
9a
Washington
Laight St
Canal St
Mercer
Hubert St
Collister St
St. John's Lane
York
TRIBECA
Street
3
Beach St
2
1
Lispenard Street
How
26
Ericson Pl
M
4
North Moore Street
Hudson
Varick
59
Franklin
Church
Walker
Canal St
25
Independence
Franklin
St
Leonard
White
Cortland Ave
BATTERY
Manhattan
Com. College Harrison Street
Western
Union
Bldg
E
M
Franklin St
Franklin
6
PARK
Teardrop
21
Jay
Staple St
Hudson
A
C
A.T. & T.
Bldg
R
St
St
5
CITY
Park
Worth
Thomas
4
St
(U.C.)
Warren
Reade
West Broadway
Duane
J.K. Javits
Fed. Bldg Worth
Cou
Co
Terrace
Park Place W
Chambers St
St
Triangle
N.Y.S
Office
Irish Hunger
Memorial
Ave
Murray St
African Burial Ground
N.Y. Cou
Courtho
River
Murray
Greenwich
Chambers St
M
Park
St
Street
U.S. Court of
Intern. Trade
CIVIC
Foley
Square
3
North End
Barclay
Chambers
St
CENTER
U.S.
Courthouse
Poli
Hea
Merrill
Lynch
West Side Highway
West St.
Vesey St
WTC 7
Park
Woolworth
Bldg
Chambers St/
Centre St
Municipal
Bldg
Peal
American
Express
56
M
City
Hall
M
57
Park Row
North Cove
WTC 1
World
World Trade
Center
1
3
Park Pl
City
Hall
5
Brooklyn
Bridge
Poli
World
Freedom
Tower
M
St. Peter
4
Madis
Financial
World Trade Center Site
(One World Trade Center, Ground Zero)
St. Paul's
Chapel
Pace
University
2
Gateway
Plaza
Center
9/11 Memorial
& 1 WTC
M
7
Ann
St
Spruce
St
Cortlandt St
Cortlandt
St
A
C
Beekman
Albany
Dow
Jones
WTC 3
St. John
Fulton
Fulton St
Liberty
WTC 4
M
St
Gold
Southbridge
Towers
St
Washington
WTC 5
Fulton St
Maiden
1
2
LOWER
Lane
St William
The Esplanade
Tribute
Center
1
Fulton St
Rector Park
Greenwich
Wall St/
Broadway
Equitable
Bldg
Federal
Reserve Bank
2
W. Thames St
M
53
Pine
Nassau
MANHATTAN
Water Street
Street
Rector St
Trinity
Church
Chase
Manhattan
Bank Bldg
Front
2nd Pl
1
N.Y. Stock Exchange
54
Broad St
M
Wall St/
William St
Street
St. John Street
Fletcher St
South Street
Seaport
(Historic District)
49
18
Museum of
Jewish Heritage
Trinity
Broadway
Wall
1
2
Museum of
American Finance
Maiden Lane
16
Pier 17
Pavilion
M
Sky-
scraper
Museum
1st Pl
R
55
17
Western
Waterfront
51
Bowling
Green
Beaver St
Citibank
NYC Police
Museum
South
Front
South Street
Seaport Museum
M
A
Battery Pl
5
FINANCIAL
Hanover
Square
State
Pearl
East River Ferry
Fire Boat
Station
US Custom House &
National Mus.
of the
American Indian
52
Broad St
DISTRICT
Street
Street
Castle Clinton
Nat'l Monument
Battery
M
Whitehall St
South Ferry
Fraunces Tavern
Museum
Elevated Highway
Water
Vietnam War
Vets. Memorial
Downtown
Manhattan
Heliport
Wall Street Pier
Park
State
Street
N.Y. Plaza
6
2
3
194
1
R
South
Ferry
4
5
A
Ferry to Statue of Liberty
& Ellis Island
2
Staten
Island Ferry
B
50
Ferry to
Governors Island
C
Hudson
Hudson River
Pace University

Memorial Church
N.Y. West 4th St
University
Cooper Union Foundation Bldg
East 11th St
Avenue A
Bleecker
La Guardia
Washington Square Village
Public Theater
East 10th St
East
East 9th
Avenue B
Ukrainian Mus.
St. Marks Place
Cooper Square
Museum of the American Gangster
East 7th
Tompkins Square Park
Avenue C
University Plaza
Second
East 5th
East 6th
Avenue St
Bleecker St
East
4th
Village
MoRUS Museum
Broadway Lafayette
Housing Works Bookstore
3rd
2nd
Russian Orthodox Cathedral
Avenue D
8th
Cast-Iron Historic District
Prince St
LITTLE
Old St. Patrick's Church
2nd Ave
First
View
EAST VILLAGE
International Center of Photography
St
Spring St
Prince St
New Museum
Houston
Avenue B
Avenue C
Street
Haughwout Bldg
Chrystie
Forsyth
Allen St
Stanton Street
Avenue D
Hamilton Fish Park
Cleveland Place
Kenmare Street
Bowery
Museum of Chinese in America
Police Headqu. Bldg
Broome Street
Delancey Street
BOWERY
Orchard St
Ludlow St
Essex Street
Norfolk St
Rivington St
Ridge Street
Pitt St
Sheriff St
Baruch Houses
ITALY
Essex St
Suffolk St
Clinton St
Attorney
Gompers Houses
Italian American Museum
Hester Street
Lower East Side Tenement Museum
Delancey St
Masaryk Towers
Columbia Street
Canal St
Grand Street
LOWER EAST
Bowery
Canal St
Grand Street
SIDE
Norfolk St
Broome Street
Pitt St
CHINA-
Mott Street
Elizabeth Street
Chrystie
Forsyth
Allen Street
Orchard
Ludlow Street
Essex St
Clinton St
Delancey St
Downing Park
Kazan Street
Street
Mahayana Buddhist Temple
Seward
Seward Park
Park
Bialystoker Synagogue
Hillman
Abraham
Lewis St
Corlears Hook
Bayard Street
Confucius Plaza
Canal St
Forsyth St
Museum at Eldridge Street
East Broadway
East Broadway
Dickstein Place
Houses
Grand Street
Columbus Park
Pell St
Division
Broadway
Straus Square
Henry Street
Madison
Jackson St
Houses
Chatham Square East
Mulberry
Mott St
TOWN
Henry Street
Pike Street
La Guardia
Clinton St
Vladeck Houses
Gouverneur Street
Cherry
Corlears Hook Park
St. James Place
Oliver St
Monroe Street
Rutgers Houses
Cherry Street
Water Street
East
Governor Smith Houses
Catherine Street
Cherry Street
Franklin D. Roosevelt Drive
Water Street
South Street
South Street
Elevated Highway
35
Manhattan Bridge
2
East River Ferry
Walla
B
Brooklyn Bridge
Circle Line Boat Tour
Brooklyn Bridge
VINEGAR HILL
Marshall St
Empire-Fulton Ferry State Park
John
Street
Street
Dock St
Plymouth
Water
Street
Little St
Fulton Pier
Water St
Main St
Washington St
Pearl St
Bridge Street
Gold Street
Evans St
1
Front Street
Dumbo Art Center
Front
Hudson Street
Furman Street
Everitt
Elizabeth
Doughty
DUMBO
Adams St
Jay St
York St
York Street
I
BROOKLYN HEIGHTS
Columbia Heights
Middagh
Brooklyn-Old Fu
Poplar St
Queens
Prospect St
Express
Farragut
195
2nd St

A
B
C
5
4
3
2
1
Circle Line B
198
General Post Office
34th
Penn St
Madison Square Garden
Lo
Pe
Sta
33rd
St. John
31st
30th
29th
28th
27th
28th S
Avenue
Ninth
Hudson River Park
Chelsea Park
Chelsea Houses
London Terrace
South Houses
26th
25th
24th
Chelsea
Spirit Cruises
48
Piers
100 11th Ave (Jean Nouvel)
General Theological Seminary
Frank Gehry Building
CHELSEA
46
23rd St
23rd
47
Hotel Chelsea
23rd St
6th Av
Twelfth
West
West
West
West
West
West
West
West
West
West
West
West
West
West
West
West
West
West
West
High Line Park
67
64
63
62
61
60
59
57
54
53
Eleventh Avenue
Tenth Avenue
Ninth Avenue
Eighth Avenue
Fulton Houses
Joyce Theater
22nd
21st
20th
19th
18th
17th
16th
15th
Seventh
Avenue of the Americas
45
Rubin Museum of Art
18th St
Little Island
West Street
High Line Park
40
Little West 12th St
Bloomfield St
52
Fire Boat Station
Whitney Museum of American Art
Gansevoort
Horatio
Jane
West 12th
Bethune
Bank
St
Street
Street
Street
Street
Street
Street
Street
Street
Street
Street
Street
MEATPACKING
DISTRICT
51
Abingdon Square
Bleecker
West 4th
11th
14th St 8th Ave
Jackson Square
14th
13th
12th
West
Greenwich
Avenue
14th St
14th St N
West
GREENWICH
39
Fifth
East
Center for Jewish History
LOWER
WEST
SIDE
46
45
42
40
Perry
Charles
West
Weehawken St
Barrow
Morton
Leroy
Clarkson
Hudson St
10th
Christopher St/Sheridan Square
Sheridan Square
Christopher
St. Luke's in the Field
Bedford
Grove
Commerce St
Grove Court
Seventh
Jones St
Cornelia St
Carmine St
Downing
Waverly
Place
Patchin Pl
Jefferson Market Library
11th
West 10th
West 9th
West 8th
Fifth
University
MacDougal Alley
East 11th
East 10th
East
East
Church of the Ascension
Mark Twain's Home
VILLAGE
8th St
W 4th St/ Washington Square
St. Luke's Place
West
Minetta Lane
Minetta St
Father Demo Square
MacDougal
3rd St
Washington Sq North
Washington Sq West
Washington Sq South
Washington Square Park
Washington Sq East
Washington Mews
Judson Memorial Church
N.Y. University
West 4th St
8th
Washington Pl
Waverly Pl
8th St
Broadway
Houston St
Houston
West
Greenwich
King
Charlton
Vandam
Spring
J.N.Y. Union Motor
Fire Museum
Dominick
Broome
West Houston St
Sullivan
Prince
Thompson
Broadway
West
WEST
VILLAGE
SOHO
Spring St
Spring St
Guardia
University Plaza
Washington Square Village
Mercer
Mercer
10
SoHo Cast-Iron Historic District
Bleecker St
Broadway Lafayette
Housing Works Bookstore
Prince St
Lafayette
East
Bond
Great Jones St
Q
R
N
Bleecker St
LITTLE
Old St. Patrick's Church
nd Tunnel (Toll)
West Street
34
196
194
Watts
Canal St
Hudson
St
Watts St
Dom
A
B
C
61

Nelson Tower
34th St
Macy's
Herald Square
Island R.R.
sylvania
West 32nd
SJM Bldg
Empire State Bldg
1
East
Street
34th St
Bryant Park Hotel
Lord & Taylor
MURRAY
101 Park Ave
East
East
East
East
St
St
St
East
St
33rd
Avenue
34th
HILL
Lincoln Bldg
42nd St Grand Central
199
42nd
43rd
41st
40th
39th
38th
37th
36th
35th
Chanin Bldg
Socony Mobil Bldg
Chrysler Building
14
Continental Group Bldg
Burroughs Bldg
Daily News
Exit Plaza
Morgan Library & Museum
Exit
TUDOR
45th
44th
Second
199
United
St
Ford Found. Bldg
Avenue
Street
5
Tudor City Pl
28th St
Little Church around the Corner
Museum of Sex
N. Y. Life Insurance Bldg
28th St
Madison Square Park
41
23rd St
42
n Building
Broadway
Madison
Street
East
Metropolitan Life
23rd St
Th. Roosevelt Birthplace
Gramercy Pk. West
Gramercy Park
43
Union Square
44
Park
Union Sq. E
16th
15th
14th St
Union Sq
Grace Church
Third
Avenue
Fourth
Astor Pl
Cooper Union Foundation Bldg
Public Theater
Ukrainian Mus.
Museum of the American Gangster
St. Marks Place
Renwick Triangle
St. Mark's in the Bowery Church
Stuyvesant St
Russian Orthodox Cathedral
2nd Ave
1st
195
View
D
East
East
East
East
East
East
East
East
32nd
30th
29th
28th
27th
26th
25th
24th
Avenue
South
Lexington
26th Street Armory
Court of N.Y.
Madison
St
31st
St
Third
Avenue
Phipps Plaza
23rd
22nd
21st
20th
19th
18th
GRAMERCY
Second
Avenue
East Midtown Plaza
Veterans Administr. Hospital
Street
Peter Cooper
17th
St. George's
Consolidated Edison Bldg
Rutherford
Statue of Stuyvesant
Stuyvesant Square
N.D. Perlman Pl
Beth Israel Medical Center
3rd Ave
Irving
Avenue
14th
13th
12th
St
Avenue
First
St
St
St
St
Kips Bay Plaza Apartments
N.Y.U. Medical Center
Bellevue Hospital Center
Aser Levy Place
Twenty Fourth St. Park
Peter Cooper
Village
Road
Street
Stuyvesant Town
STUYVESANT
1st Avenue
John J. Murphy Park
Entrance
Street
First
St. Gabriel's Park
Franklin D. Roosevelt Drive
4
Waterside Apartments
3
Manhattan Marina & Midtown Skyport
Stuyvesant Cove
2
East 16th St
East 15th St
Street
East 11th St
East 10th St
9th
East
Avenue A
Avenue B
Avenue C
Avenue D
Tompkins Square Park
7th
6th
Village Towers East
Szold Place
Avenue C
Avenue D
Village
MoRUS- Museum of Reclaimed Urban Space
8th
Jakob
Riis
197
38
E
F

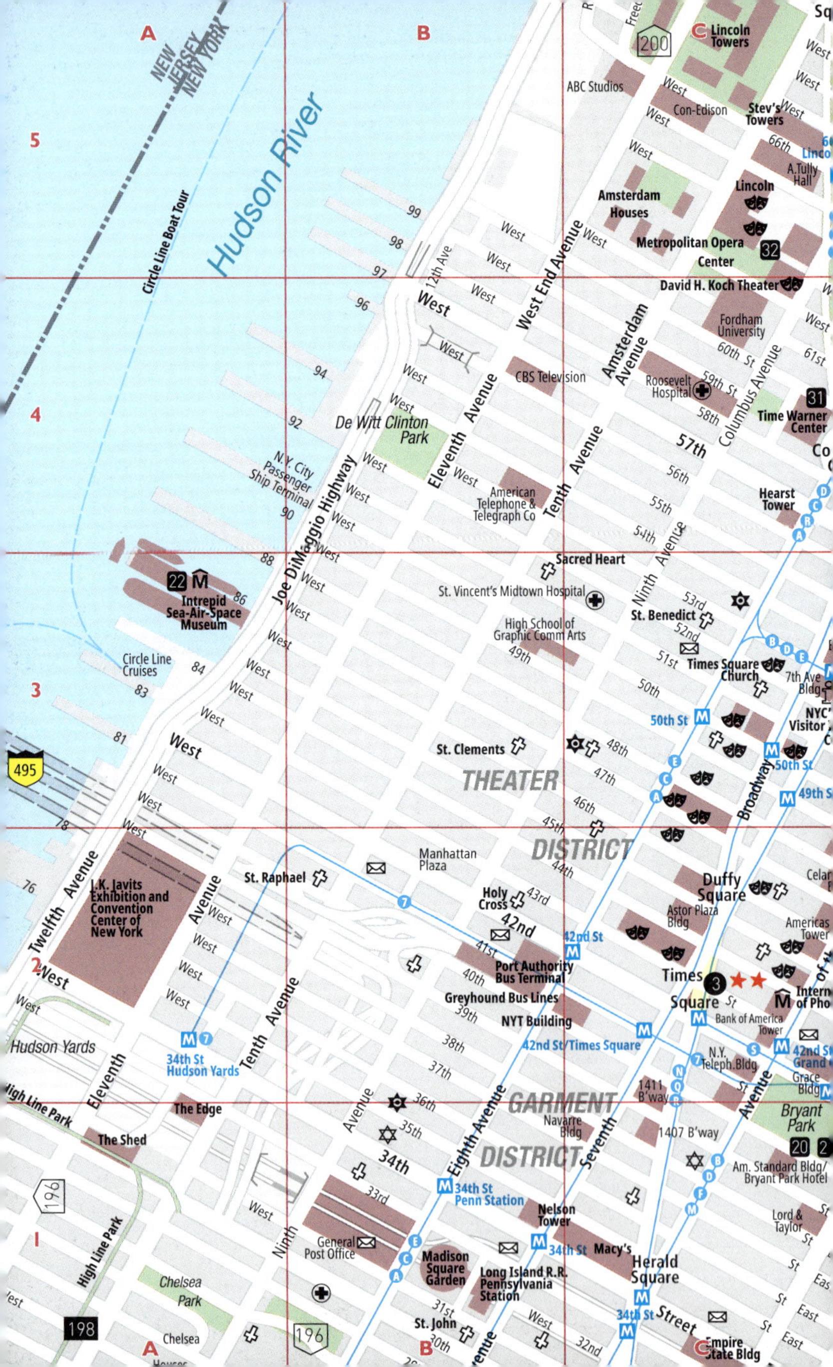

New Jersey
New York
A
B
C Lincoln Towers
Sq
200
West
West
ABC Studios
Con-Edison
Stev's Towers
West
66th
Linco
A.Tully Hall
Amsterdam Houses
Lincoln
Metropolitan Opera Center
32
David H. Koch Theater
Hudson River
Fordham University
West
Circle Line Boat Tour
West
West
West End Avenue
60th St
59th St
61st
Co
West
CBS Television
Roosevelt Hospital
58th
31
Time Warner Center
De Witt Clinton Park
Amsterdam Avenue
57th
Eleventh Avenue
56th
N.Y. City Passenger Ship Terminal
Joe DiMaggio Highway
West
Tenth Avenue
55th
American Telephone & Telegraph Co
54th
Hearst Tower
D
C
B
A
Sacred Heart
Ninth Avenue
53rd
St. Benedict
Columbus Avenue
22
Intrepid Sea-Air-Space Museum
St. Vincent's Midtown Hospital
52nd
Times Square Church
B D E
7th Ave Bldg
High School of Graphic Comm Arts
51st
NYC' Visitor C
Circle Line Cruises
50th
50th St
West
49th
St. Clements
48th
50th St
49th St
495
THEATER
47th
E C
West
46th
A
DISTRICT
45th
Manhattan Plaza
44th
Duffy Square
Celar
I.K. Javits Exhibition and Convention Center of New York
St. Raphael
Astor Plaza Bldg
Twelfth Avenue
43rd
Americas Tower
Holy Cross
42nd
41st
42nd St
Port Authority Bus Terminal
Times Square
3
Intern of Pho
West
40th
Greyhound Bus Lines
39th
NYT Building
Bank of America Tower
M
38th
42nd St Times Square
N.Y. Teleph.Bldg
42nd St Grand
Hudson Yards
34th St Hudson Yards
Tenth Avenue
37th
S
Grace Bldg
1411 B'way
Eleventh
The Edge
36th
GARMENT
Bryant Park
The Shed
35th
Navarre Bldg
1407 B'way
196
34th
DISTRICT
20 2
Am. Standard Bldg/ Bryant Park Hotel
33rd
34th St Penn Station
Lord & Taylor St
High Line Park
Nelson Tower
St
General Post Office
34th St
Macy's
Ninth
Herald Square
St
198
E
A
Madison Square Garden
Long Island R.R. Pennsylvania Station
34th St
Street
Chelsea Park
31st
St. John
30th
32nd
Empire State Bldg
Chelsea
A
B
196

Central Park
The Lake
5th Avenue Residences & Clubs
Dakota Apartments
Strawberry Fields
The Loeb Boathouse
Statue of Alice in Wonderland
Spanish and Portuguese Synagogue
Cherry Hill
Statue of H. Ch. Andersen
Harkness House
Lenox Hill Hospital
ABC TV Studios
Bethesda Fountain
Conservatory Pond
Lincoln Square
The Sheep Meadow
Bridle Path
The Mall
UPPER
St. James
The Frick Collection
Transverse Rd No 1 (65th Street)
West Drive
Fifth Avenue
Asia House
EAS
The Dairy Visitor Center
Maine Memorial
59th Columbus Circle
Heckscher Playground
Children's Zoo
Central Park Wildlife Center
Temple Emanu-El
Hunter College
68th St Hunter College
Columbus Circle
Museum of Arts and Design
Wollman Memorial Rink
The Arsenal
China House
St. Vincent Ferrer
Central Park South
Fifth Avenue Synagogue
The Pond
Madison Avenue
Grand Army Plaza
5th Ave
Arlen Bldg
Carnegie Hall
The Paris Theatre
Solow Bldg
Plaza Hotel
General Motors Bldg
63rd St Lexington Ave
Eye Ear Throat Hospital
Squibb Bldg
Bergdorf Goodman
Burlington
Trump Tower
Lexington Ave
Bloomingdale's
Official Information Center
Calyon Bldg
Museum of Modern Art
IBM Bldg
59th St
CBS Bldg
Sony Bldg
Rockefeller
St. Thomas
Mount Vernon Hotel Museum & Garden
Exxon Bldg
Radio City Music Hall
5th Ave 53rd St
Central Synagogue
McGraw-Hill Bldg
47-50th Sts Rockefeller Center
Park Ave Plaza
Lever House
GE Bldg
Olympic Tower
Citibank Bldg
Citicorp Center
919 Third Ave
MID-
Rockefeller Plaza
St. Patrick's Cathedral
Seagram Bldg
909 Third Ave
Tower 49
ITT Bldg
345 Park Ave
Lexington Ave
Grolier Bldg
TURTLE BAY
TOWN
GE. Bldg
51st St
270 Park Ave
Westvaco Bldg
800 Third Ave Bldg
Sutton Place South
National Center of Geography
Chem. Bank Bldg
Helmsley Bldg
American Brands Bldg
Beekman Tower
New York Public Library
Vanderbilt Ave
Grand Central Terminal
The Holy Family
United Nations Plaza
Lincoln Bldg
42nd St Grand Central
Hammarskjöld Plaza
Chrysler Building
Chanin Bldg
Socony Mobil Bldg
Statue of Peace
South Point Park
Met Life Bldg
United Nations Plaza
United Nations Headquarters
Franklin D. Roosevelt Four Freedoms State Park
101 Park Ave
Daily News
Ford Found. Bldg
Roosevelt Memorial
MURRAY
500 Fifth Ave
Continental Group Bldg
Secretariat Bldg
Morgan Library & Museum
Burroughs Bldg
Hammarskjöld

A
B
C
5
4
3
2
1
NEW JERSEY
NEW YORK
Hudson River
Circle Line Boat Tour
Riverside
Promenade
34
Firemen's Memorial
West
West
West
West
West
West
West
West
103rd
102nd
101st
99th
98th
St
St
St
St
103rd St
Broadway
104th
105th
96th St
Park
West
100th
97th
96th
95th
94th
93rd
92nd
91st
Vil
St
Joan of Arc Monument
West End Avenue
Broadway
Amsterdam Avenue
West Side
Urban
Renewal
Columbus
Stephen Wise Towers
(West 90th St)
Soldiers and Sailors Monument
Riverside Drive Henry
West
West
West
West
West
J.
Browne
B'nai Jeshurun
89th
88th
Park
West
Edgar
Allen
Riverside Amsterdam Houses
Broadway
Poe
86th St
87th
86th
85th
UPPER
(West 90th St)
86th St
Transverse
3
Riverside
79th St. Marina
West
West
West
West
West
79th St
WEST
Broadway
80th
83rd
82nd
81st
Edgar Allen Poe St (West 84th St)
Congregation Rodeph Sholom
St
J.
34
Park South
Riverside Drive
West End Avenue
Amsterdam Avenue
Jesus Christ
79th
78th
77th
76th
75th
74th
73rd
72nd
71st
70th
69th
68th
81st St
American Museum of Natural History
American Museum of Natural History
The Rose Center of Earth and Space
23
Central Park West
West Drive
Belvedere Castle
Delacorte Theater
The Great Lawn
Turtle Pond
Transverse Rd No 2 (79th Street)
Me Mus
2
Hudson Parkway
Boulevard
West
West
West
SIDE
Verdi Square
72nd St
Columbus Avenue
N.-Y. Historical Society
St
St
St
St
St
St
D
C
B
A
The Ramble
The Lake
5th Avenue
1
Freedom Pl
198
Lincoln Towers
dios
West
West
West
Con-Edison
Stev's Towers
Broadway
Sherman Square
66th St
Lincoln Center
A.Tully Hall
ABC TV Studios
Spanish and Portuguese Synagogue
33
Dakota Apartments
72nd St
Strawberry Fields
Cherry Hill
The Loeb Boathouse
Statue of H. Ch. Andersen
Bethesda Fountain
Statue of Alice in Wonderland
Harkne Hous
Conservatory Pond
5
Central Park
East
East
East
Amsterdam Houses
200
Metropolitan Opera
198
32
Lincoln
A
Lincoln Square
67th
66th
65th
198
West

Cathedral Pkwy
Jewish Hospital
107th
Columbus
Blvd
D
West 106th St
Central Park West
Central Park North
West 111th
202
St
West
Malcolm X Blvd
112th
St
Martin Luther King Junior Tower
Fifth Avenue
East
F
East
Madison Avenue
117th
116th
115th
East
116th
5
MANHATTAN VALLEY
West 103rd St
West 102nd St
West 101st St
Manhattan Ave
St
Central Park West
Central Park North
Harlem Meer
Central Park North
Duke Ellington Statue
East
East
112th
111th
110th
109th
St
East
East
East
East
Lexington Avenue
Third Avenue
6
5
4
103rd St
The Ramble
Lasker Rink & Pool
Block House
East
East
110th St
East
East
4
The
Loch
Conservatory Gardens
Flower 5th Ave Hospital
El Museo del Barrio
Museum of N.Y.C.
N.Y. Academy of Medicine
Lehman Village
Carver
108th
107th
106th
105th
104th
East
East
East
East
East
Park Avenue
East
East
East
St
St
St
East
East
East
East
age
Central Park West
96th St
Transverse Rd. No. 4 (97th Street)
Central Park
North Meadow
Mt. Sinai Hospital
Fifth
Houses
103rd
101st
102nd
East
East
East
East
103rd St
St
East
East
East
East
East
103rd
102nd St
4
3
St. Nicolas Russian Orthodox Cathedral
Lycée Français de New York
East 96th Street
East 99th St
Lexington
Houses
98th
97th
East 101st
Bus Garage
100th
St
East 101st St
East 100th
East
East
East
St
acqueline Kennedy Onassis Reservoir
Rd No 3 (86th Street)
Jewish Museum
Cooper Hewitt National Design Museum
East
East
East
East
East 96th Street
95th
94th
6
5
4
8
Guggenheim Museum
East
East
East
93rd
92nd
Ruppert Towers
Ruppert Park
Isaacs Houses
J.H.Holmers Towers
Second Avenue
Franklin D. Roosevelt Drive
2
Neue Galerie
Park Avenue Synagogue
Madison Avenue
28
East
East
East
East
91st
90th
89th
St
East
St
Cleopatra's Needle
eedle
6
Metropolitan Museum of Art
um of Art
Goethe House
St. Ignatius
86th St
88th
87th
86th
Church of the Holy Trinity
First Avenue
York Avenue
29
Park Avenue
Lexington Avenue
Third Avenue
Second Avenue
East
East
East
East
East
Fifth
East
residences & Clubs
24
East
East
Lenox Hill Hospital
77th St
199
85th
84th
83rd
82nd
81st
80th
79th
78th
77th
Temple Shaaray Tefila
YORKVILLE
East River Promenade
30
Gracie M
Sch
Park
I
201
D
E
F
6
5
4

Henry
Riverside Park
St. Clair Pl
Martin Luther King Jr. Blvd
Tiemann Pl
Claremont Ave
La
Salle St
West 132nd St
West 131st St
West 130th St
Broadway
West 133rd St
West 134th St
West 135th St
West 133rd St
A
B
C
St. Charles
West 138th St
West
(Eight Ave)
140th
139th
Odell M. Clark Pl
Abyssinian Baptist Church
Adam Clayton Powell Jr. Blvd
136th
135th
Harlem Hospital Cent
St. Philip's
133rd St
St. Aloysius
St. Nicholas Ter
Convent Ave
Manhattanville College
125th St
135th St
West
West
West
West
West 130th St
West 129th St
West 128th St
George Bruce Library
Amsterdam Avenue
West 125th St
West 126th St
125th St
MANHATTANVILLE
Grant
Monument
Manhattan School of Music
Jewish Theological Seminary
Broadway
West 122nd St
West 123rd St
Morningside Ave
Morningside Dr
MORNINGSIDE HEIGHTS
121th
120th St
West 119th St
West 118th St
West 116th St
West 115th St
umbia versity
versity
West
West
125th St
(Eight Ave)
The Apollo Theater
Martin
West
West
West
Studio Museum in Harlem
Luther
HARLEM
36
West
West
West
West
127th
126th
131st
132nd
Frederick Douglass Blvd
Malcom X Blvd
Lenox Terrace Pl
134th St
135th St
West
130th St
129th St
128th St
King
Jr.
Fifth Avenue
East
East
All S
124th
123rd
122nd
121st St
125th St Station Ave
126th
Marcus Gavey Memorial Park
Mount Morris Fire Watchtower
North General Hospital
Morningside Park
Manhattan Ave
St.
West
West
West
West
St. Luke's Hospital
35
St. John the Devine
First Corinthian Baptist Church
116th St
Nicholas
Adam Clayton Powell Jr. Blvd
120th
119th
118th
117th
116th
(Lenox Ave)
2
3
Central Park West
Frederick Douglass Blvd
Manhattan Ave
114th
113th
Avenue
115th
Malcolm Shabazz Mosque
116th St
Madison Avenue
Lexington Avenue
119th
118th
117th
116th
115th
East
East
East
East
East
East
Third
116th St
6
5
4
Cathedral Pkwy
Central Park North
Central Park North
2
Block House
West 111th
West 112th
Malcom X Blvd
Martin Luther King Junior Tower
Fifth Avenue
Duke Ellington Statue
Central Park North
Harlem Meer
St 106th St
st
Central Park North
Lasker Rink & Pool
The Ramble
The Loch
Conservatory Gardens
Central Park
North Meadow
202
201
Block House
Flower 5th Ave Hospital
El Museo del Barrio
Museum of N.Y.C.
N.Y. Academy of Medicine
Lehman Village
Carver
26
Fifth
Park Avenue
110th St
110th
109th
108th
107th
106th
105th
104th
Second Avenue
112th
111th
110th
109th
108th
East
East
East
East
East
East
East
A
B
C

Straßenverzeichnis

101 Park Av	197 E5		Charles St	196 A2
12th Av	198 B4		Charlton St	194 B5
345 Park Av 199 E2			Chatham Sq	195 D3
			Cherry St	195 D2
Abingdon Sq	196 A3		Christopher St	196 A2
Albany St	194 A2		Chrystie St	195 D3
Allen St	195 E3		Church St	194 B3
Amsterdam Av	198 C4		Clarkson St	194 B5
Ann St	194 B2		Cleveland Pl	195 D4
Asser Levy Pl	197 F3		Clinton St	195 F3
Attorney St	195 F4		Columbus Av	198 C4
Avenue A	195 F4		Columbus Circle	198 C4
Avenue B	195 F4		Commerce St	196 A2
Avenue D	197 F1		Convent Av	202 B5
Avenue of the			Cooper Sq	195 E5
Americas (6th Av)	194 C5		Cornelia St	196 B2
			Cortland Av 194 C4	
Bank St	196 A3		Crosby St	195 D4
Barclay St	194 B3			
Barrow St	196 A2		**D**elancey St 195 E4	
Battery Pl	194 A1		Depew Pl	199 D1
Baxter St	195 D3		Desbrosses St	194 B4
Bayard St	195 D3		Dickstein Pl	195 F3
Beach St	194 B4		Division St	195 D3
Beaver St	194 B1		Dominick St 194 C5	
Bedford St	196 A2		Duane St	194 B3
Beekman Pl	199 F1		Duffy Sq	198 C2
Beekman St 194 C2				
Bethune St	196 A3		**E**ast 102nd to	
Bleecker St	196 A3		East 130th 202	
Bond St	195 D5		East 1st to East 41st	197
Bridle Path	199 E4		East 42nd to East 73th	199
Broad St	194 B1		East 74th to East 101th	201
Broadway	198 C3		East Broadway	195 E3
Brooklyn Bridge	195 D2		East Dr	200 C2
Brooklyn-Queens			East Houston St	195 F4
Expwy	195 E1		East Midtown Plaza	197 E3
Broome St	195 D4		Edgar Allen Poe St	200 C3
			Eighth Av	196 B4
Canal St	194 B4		Eldridge St	195 D3
Carmine St	196 B2		Elevated Highway	194 C1
Catherine St	195 D2		Eleventh Av	196 A4
Central Park North	201 F5		Elizabeth St 195 D3	
Central Park South	199 D4		Entrance St 197 F4	
Central Park West	199 D4		Ericson Pl	194 B4
Centre Dr	199 D4		Essex St	195 E3
Centre Market Pl	195 D4		Exit Plaza	197 F4
Chambers St	194 B3		Exit St	197 F4

Phipps Plaza	197 F3
Pike St	195 E3
Pine St	194 B2
Pitt St	195 F3
Prince St	194 C5
Privat St	199 E2
Reade St	194 B3
Ridge St	195 F4
River Terrace	194 A3
Riverside Dr	200 A2
Rivington St	195 E4
Rockefeller Plaza	199 D2
Rutgers St	195 E3
Rutherford Pl	197 D2
Second Av	199 F3
Seventh Av	196 B2
Sheridan Sq	196 B2
Sherman Sq	199 D5
South End Av	194 A2
South St	194 C1
Spring St	194 B5
Spruce St	194 C2
St James Pl	195 D2
St John St	194 B2
St Luke's Pl	196 A2
St Marks Pl	195 F5
St Nicholas Av	202 B3
St Nicholas Terrance	202 B5
Stanton St	195 E4
State St	194 A1
Straus Sq	195 E3
Stuyvesant Sq	197 E2
Stuyvesant St	197 D2
Suffolk St	195 F4
Sullivan St	194 C5
Szold Pl	197 F1
Tenth Av	198 B4
The Esplanade	194 A2
Third Av	202 B2
Thomas St	194 C3
Thompson St	194 C5
Times Sq	198 C2
Transverse Rd No 1	199 E4
Transverse Rd No 2	200 C2
Transverse Rd No 4 (97th St)	201 D4
Trinity Pl	194 B2

Union Sq East	197 D3
Union Sq West	197 D3
United Nations Plaza	199 E1
University Pl	196 C2
University Plaza	195 D5
Vandam St	194 B5
Vanderbilt Av	199 D2
Varick St	194 C4
Verdi Sq	200 A2
Vesey St	194 B3
Vestry St	194 B4
Walker St	194 C4
Wall St	194 B2
Warren St	194 A3
Washington Mews	196 C2
Washington Pl West	196 B2
Washington Pl	196 C2
Washington Sq East	196 C2
Washington Sq North	196 C2
Washington Sq South	196 C2
Washington Sq West	196 B2
Washington St	194 B2
Water St	194 B1
Watts St	194 B5
Waverly Pl	196 B2
Weehawken St	196 A2
West 106th to West 141th	202
West 34th to West 66th	198
West 3rd to West 33rd	196
West 4th St	195 D5
West 67th to West 105th	200
West Broadway	194 B3
West Dr	199 D4
West End Av	200 A2
West Houston St	194 C5
West Side Highway	194 B3
West St	196 A4
West Thames St	194 A2
White St	194 C4
Willett St	195 F3
William St	194 C2
Wooster St	194 C4
Worth St	194 C3
York Av	201 F2

Register

Einkaufen 66, 99, 128, 161, 192
Einreisegenehmigung 183
Elektrizität 182
Eliot, Marjorie 95
Ellis Island 140, 141
El Museo del Barrio 91
Empire State Building 16, 102, 106, 110, 112
Ermäßigungen 182
Essen und Trinken 10, 32, 62, 96, 126, 158, 189

F
Fähren 187
Fahrkarten 186
Fahrrad fahren 155, 187
Fashion 26, 28, 66, 106
Feiertage 182
Fillmore East 116
Film- und Fernsehindustrie 18
Financial District 138, 152
Flatiron Building 122
Flatiron District 122
Flughäfen 184
Freiheitsstatue 140, 141
Frick Collection 90
Fulton, Robert 152
Fußgänger 187

G
Gay Community 191
Gehry, Frank 15, 120
Gerwig, Greta 20
Gesundheit 183
Gilbert, Cass 150, 153
Grace Church 115
Gracie Mansion 92
Gramercy Park 122
Grand Central Terminal 48, 169
Grant's Tomb 171
Great Lawn 87
Greenacre Park 55
Greenwich Village 104, 117
Grove Court 119
Guggenheim Museum 85
Guggenheim, Solomon R. 85

H
Hadid, Zaha 120
Hamilton Grange National Memorial 173
Hard Rock Café 45
Hardenbergh, Henry J. 59, 93
Harlem 9, 11, 94, 98, 171

Haughwout Building 147
Henry Luce Nature Observatory 78
Hepburn, Audrey 19
High Line Park 120, 121
Holy Cross Church 166
Hood, Raymond 50, 167, 170
Hotel Chelsea 125
Hotels 187, 188
Hudson Yards 17, 121

I
IAC Building 120
Internet 182
Intrepid Sea, Air & Space Museum 61

K
Kajakverleih 138
Kaufmann Concert Hall 101
Kinder 66, 79, 88
Kletterfelsen 80
Knickerbocker Hotel 168
Krankenversicherung 183
Kravis Gallery 54
Kutschfahrten 78

L
La Mama Experimental Theater 130
Lauren, Ralph 27, 47
Lefebvre de Laboulaye, Édouard René 140
Lennon, John 77, 93
Lenox Avenue 175
Lincoln Center 10, 92, 93, 100, 101, 190
Little Italy 157
Little Singer Building 147
Lower East Side 25, 114, 157, 162
Lower East Side Tenement Museum 157
Lower Manhattan 132

M
Madame Tussaud's Wax Museum 45, 167
Madison Avenue 91
Madison Square Park 122
Manhattan 17, 36
McCarren Park 177
McGraw-Hill Building 167
Meatpacking District 26, 120
Medien 31
Merchant's House Museum 116
Metrocard 185, 186
Metropolitan Life Tower 16, 122

AA/Douglas Corrance: S. 112
AA/Richard Elliot: 16 u.r., 61 u., 137 u.,
AA/Simon McBride: 6 (10), 48
AA/Cliff Sawyer: S. 6 (6), 16 o.l./r., u.l.,
82 u.r., 86 o., 113, 115, 125, 140, 141, 148
AA/James Tims: S. 21 u., 22 o., 63
Archivo GBB/Contrasto/laif: S. 19
age fotostock/LOOK-foto: S. 77, 102/
103, 123
Blend Images/Lookphotos: S. 76, 108/109 o.
Günther Bayerl/Lookphotos: S. 111
Cineliz/Allpix/laif: S. 18
Daniel Biskup/laif: S. 128
DuMont Bildarchiv/Frank Heuer: S. 6 (1–5,
7–9), 8, 11 o./u., 12/13, 14, 15, 26/27, 28, 29,
30, 35, 36/37, 41 o., 41 u., 42/43 o, 45, 46, 47,
49, 51, 52, 53, 61 o., 66, 73 o., 74, 74/75, 80, 82
o., 82 u.r. VG Bild-Kunst, Bonn 2022; 86 u.l.
VG Bild-Kunst, Bonn 2022; 86 u.r. (6: 8) VG
Bild-Kunst, Bonn 2022; 88/89, 92, 93, 95, 107
l., 108, 108/109 u., 110, 114, 117, 118 o.l.; 118 r.,
121 (3), 129, 144 o./u.l., 152, 156, 157, 163, 171,
174, 175; für Werke von De Wain Valentine
(S. 54), Joel Shapiro (S. 82 u.r.) bei VG Bild-
Kunst, Bonn 2022; für Pablo Picasso (S. 6 (8),
86 u.r.) bei Succession Picasso/VG Bild-
Kunst, Bonn 2022, für George Segal
(S. 118 u.l.) bei The George and Helen Segal
Foundation/VG Bild-Kunst, Bonn 2022
DuMont Bildarchiv/Martin Sasse: S. 5 u.,
90, 130,
Michael Falco/NYT/Redux/laif
Getty Images: S. 144 u.r., 151
Getty Images/DEA/A. Dagli Orti: S. 31
Getty Images/ferrantraite: S. 21
Christian Heeb/laif: S. 73 u., 94
Hemis/Lookphotos: S. 60 o.
Frank Heuer/Laif: 65
Huber Images/Andrea Armellin: S. 5 o.
Huber Images/Antonino Bartuccio:
S. 78/79, 167
Huber Images/Pietro Canali: S. 87
Huber Images/Guido Cozzi: S. 166
Huber Images/Susanne Kremer: S. 17,
132/133, 137 o., 143, 145
Huber Images/Massimo Mastrorillo:
180/181
Huber Images/Sandra Raccanello: S. 162

Huber Images/Maurizio Rellini: S. 42,
68/69, 107 r., 138/139
Huber Images/Richard Taylor: S. 149,
164/165
Huber Images/Luigi Vaccarella: S. 85, 177
Ludovic Maisant/hemis.fr/laif: S. 42/43 u.
mauritius images/Alamy: S. 33 o.r.
mauritius images/Alamy Stock Photos/
Walter Bibikow/DanitaDelimont: S. 33 u.r.
mauritius images/dbimages/Alamy: S. 160
mauritius images/Jose Fuste Raga: S. 17
mauritius images/TPP/Lisovskaya
Natalia: S. 97
Per-Andre Hoffmann/Lookphotos: S. 33 u.l.
Photononstop/Lookphotos: S. 60 u.
picture alliance/AP Photo/Mary Altaffer:
S. 126
picture alliance/Photoshot: S. 161
Prignet/Le Figaro Magazine/laif: S. 96
Martin Sasse/laif: S. 172
Shutterstock/Stock-Photo/EB Adventure
Photography: S. 138
Shutterstock/Stock-Photo/Warren
Eisenberg: S. 188
Shutterstock/Stock-Photo/Felipe Teixeira:
S. 159
Shutterstock/Stock-Photo/Alena Veasey:
S. 158
Sunset Box/Allpix Press/laif: S. 20
The New York Times/Redux/laif: S. 25, 32,
33 o.l./u.r., 55,
Travel Collection/Lookphotos: S. 43
Van Tine Dennis/Gamma-Rapho/laif: S. 100

Titelbild: Oben: Getty Images/Alexander
Spatari
Unten: Getty Images/PeskyMonkey
Buchrücken: Getty Images /Zsolt Hlinka

IMPRESSUM

© MAIRDUMONT, Ostfildern

4., aktualisierte Aufl. 2023

Text: Manuela Imre, Oliver Hartmann, Daniel Mangin, Lauren McGrath; Sebastian Moll,
Mitarbeit: Katharina Heflik
Übersetzung: Beatrix Thunich
Redaktion & Gestaltung: Robert Fischer; Christiane Wagner (Redaktion Aktualisierung)

Kartografie: © MAIRDUMONT, Ostfildern
3D-Illustrationen: jangled nerves, Stuttgart

Printed in Poland

Der Name Baedeker ist als Warenzeichen geschützt. Alle Rechte im In- und Ausland sind
vorbehalten. Jegliche – auch auszugsweise – Verwertung, Wiedergabe, Vervielfältigung,
Übersetzung, Adaption, Mikroverfilmung, Einspeicherung oder Verarbeitung in EDV-Systemen
ausnahmslos aller Teile des Werkes bedarf der ausdrücklichen Genehmigung durch den
Verlag.

Trotz aller Sorgfalt von Autoren und Redaktion sind Fehler und Änderungen nach Drucklegung
leider nicht auszuschließen. Dafür kann der Verlag keine Haftung übernehmen. Berichtigun-
gen, Kritik und Verbesserungsvorschläge sind uns jederzeit willkommen, bitte informieren Sie
uns unter:

Baedeker Redaktion
Postfach 3162
D-73751 Ostfildern
Tel. 0711 4502-262
smart@baedeker.com
www.baedeker.com

Meine Notizen